U0625760

大英儿童百科

万万想不到

一条线穿起的趣味 400 个知识

大英百科全书公司 | 著

[英] 安迪·史密斯 | 绘　于时雨 | 译

童趣出版有限公司编译　人民邮电出版社出版

北　京

图书在版编目（CIP）数据

大英儿童百科万万想不到. 一条线穿起的 400 个趣味知识 / 美国大英百科全书公司著；（英）安迪·史密斯绘；童趣出版有限公司编译；于时雨译. -- 北京：人民邮电出版社，2025. -- ISBN 978-7-115-66501-0

Ⅰ．Z228.1

中国国家版本馆 CIP 数据核字第 2025AX7782 号

著作权合同登记号 图字：01-2022-2652

本书中文简体字版由福州号角文化传媒有限公司授权童趣出版有限公司，人民邮电出版社出版。未经出版者书面许可，对本书的任何部分不得以任何方式或任何手段复制和传播。

Originally published in English by What on Earth! as Return to FACTopia!

First published in the UK and USA in 2022

Text copyright © 2022 What on Earth Publishing Ltd. and Britannica, Inc.

Illustrations copyright © 2022 Andy Smith

All rights reserved.

著　　　：大英百科全书公司

绘　　　：[英] 安迪·史密斯

译　　　：于时雨　责任编辑：左艺芳

责任印制：赵幸荣　封面设计：马语默

排版制作：刘夏菡　尚丽俐

编　　译：童趣出版有限公司

出　　版：人民邮电出版社

地　　址：北京市丰台区成寿寺路11号邮电出版大厦（100164）

网　　址：www.childrenfun.com.cn

读者热线：010-81054177　经销电话：010-81054120

印　　刷：天津海顺印业包装有限公司

开　　本：889×1194 1/16　印张：13.5　字数：185千字

版　　次：2025年5月第1版　2025年5月第1次印刷

书　　号：ISBN 978-7-115-66501-0

定　　价：68.00元

版权所有，侵权必究。如发现质量问题，请直接联系读者服务部：010-81054177。

创作团队

大英百科全书公司（Encyclopaedia Britannica, Inc.）出版了世界三大百科全书之一——《大英百科全书》，250多年来一直致力于激发人们的好奇心与学习兴趣。大英百科全书公司特别邀请了以下3位与众不同的专业人士参与这本书的创作。

凯特·黑尔（Kate Hale）不仅是一名作家、编辑，也是一位专业的"趣闻调查员"。从犬类之间如何沟通到激励人心的科学家传记，凯特曾编辑以及撰写过涉及各种各样知识的文章。在创作这本书时，凯特将许多精彩内容都收录进了本书中，比如：你看到天空中有流星划过，但那可能不是流星，而是从国际空间站弹射出的航天员排泄物！

安迪·史密斯（Andy Smith）是一位屡获大奖的插画家，毕业于英国皇家艺术学院（Royal College of Art）。他的作品带有一种乐观的情绪以及一种手绘的亲切感。从僵尸蚂蚁到蔬菜乐团，他觉得这本书的插图绘制过程是那么令人惊喜。安迪最喜欢的一条趣闻是：20世纪50年代至60年代初的一些电影院，会在观影者的座位下铺设可以释放气味的管道。他期待这种"嗅觉电影"能再次出现。

劳伦斯·莫顿（Lawrence Morton）是一位艺术总监及设计师。为本书进行美术设计时他联想到希腊神话中忒修斯穿越迷宫的故事，于是在书中用虚线和箭头标注出了一条路线，来帮助读者顺利完成这次万万想不到的探索之旅。书中关于冰冻瀑布的趣闻勾起了他在登山时的快乐回忆，当时他手中挥动着冰镐，靴子上还绑着冰爪。

本书内容

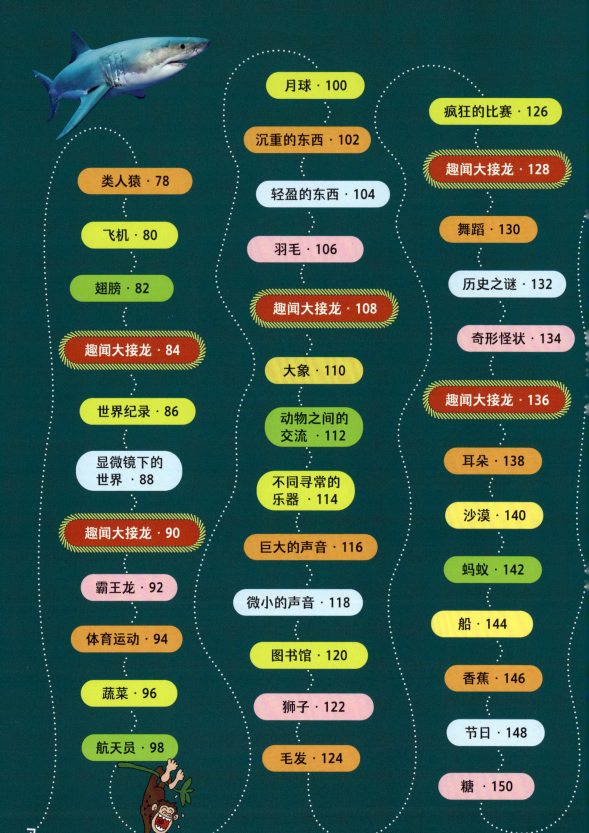

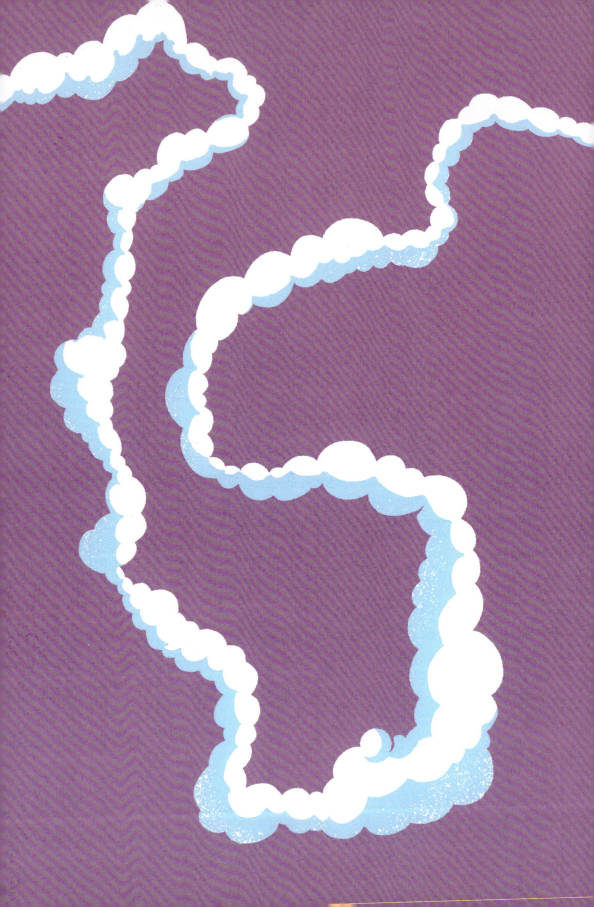

趣闻之旅

欢迎开启万万想不到的探索之旅！

这是一场一开始就停不下来的旅程！数百个不可思议又令人惊叹的趣味知识会让你应接不暇，比如：

你知道有航天员曾经在月球上打过高尔夫球吗？

让我们跟着航天员一起发射升空吧！他们在太空中竟然会变高。

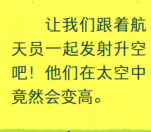

说到高……这个超高雪人的手臂是用一整棵树做的。

树木不只是一种装饰。森林中的树木可以通过真菌网络与其他树木进行交流，这种网络被称为"树联网"。

说到真菌，你知道有一类真菌在黑暗中会发光吗？

你可能已经发现了这场探索之旅的特别之处：每一则趣闻都以出人意料而又令人捧腹的方式与下一则趣闻联系在一起。

在这场探索之旅中，你会遇到**昂贵的郁金香、无人居住的蛇岛、十二面体青铜器**……还有什么呢？快去发现每翻一页都有怎样的惊喜吧！

本书不仅仅提供了一条阅读路线。你的阅读路线每隔一段内容就会出现分支，通过**向后**或**向前跳转**，你会来到书中一个全新但仍相关的部分。

跟随你的好奇心去到你想去的地方吧。当然了，这里就是一个不错的起点。

比如，你可以绕路去这里看看什么东西擅长跳跃

跳转至第 166 页

在 **北极点**

太阳每年只会升起一次。 .... 天亮啦！

北纬 90° 极点

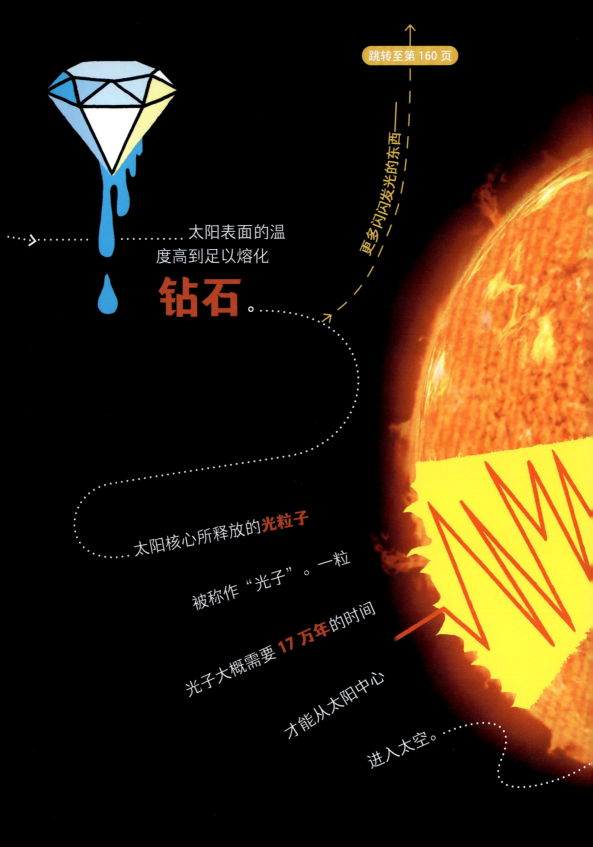

跳转至第 160 页

更多闪闪发光的东西

太阳表面的温度高到足以熔化**钻石**。

太阳核心所释放的**光粒子**被称作"光子"。一粒光子大概需要 **17 万年**的时间才能从太阳中心进入太空。

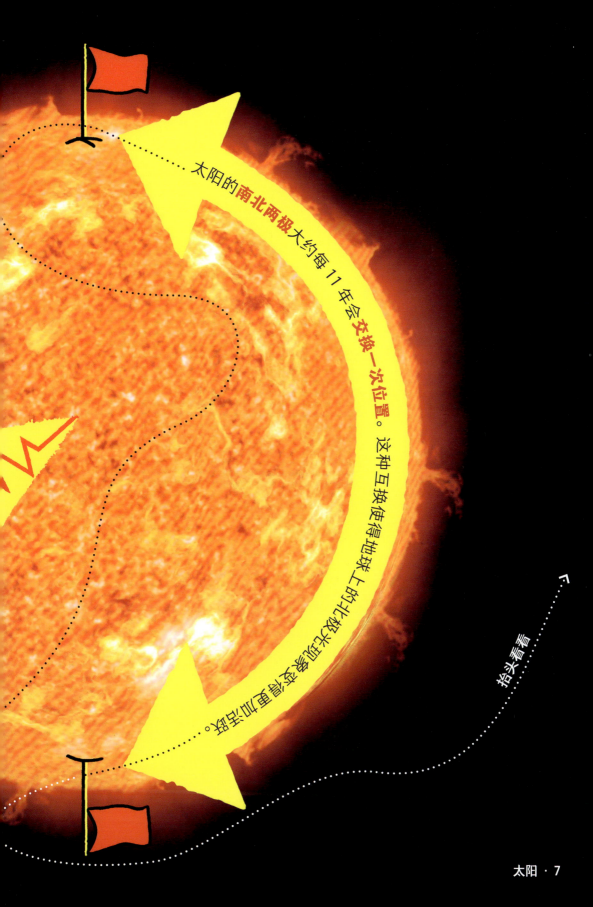

太阳的**南北两极**大约每 11 年会交换一次位置。这种互换使得地球上的北极光看起来变得更加强烈。

抬头看看

有些人能够**听**到北极光的声音。

跳转至第 138 页

洗耳恭听

好冷！

在北极地区，有一家酒店的客房是用**玻璃做的"冰屋"**，以便人们更好地观赏北极光。

跳转至第 68 页

飞到那里去

北极熊毛发下的皮肤是黑色的。

鸟粪对降低北极温度做出了微小的贡献。它会产生有利于云层形成的气体，而云层能够将射向地球的阳光反射回太空。

北冰洋的冰层可以达到 **10 张床垫** 叠在一起的厚度。

独角鲸分布于北冰洋，雄性独角鲸脑袋上长有一颗尖锐的长牙，这为它们赢得了 **"海洋独角兽"** 的绰号。有些独角鲸甚至长有两颗这样的长牙。

冰山一角

北极的海冰上会形成一种叫作 **"霜花"** 的冰晶结构。这些精致的形成物的含盐量是海水含盐量的 3 倍，每朵霜花里面寄居着数百万个微生物。

有科学家认为，地球在大约 7.15 亿年前可能完全被冰层覆盖。这就是所谓的"雪球地球"假说。

日本每年都会举办一届国际打雪仗锦标赛，比赛场地选在一座火山脚下的雪场。

每部手机中都含有少量的黄金。

一般手机上携带的细菌数量至少是马桶座圈上细菌数量的 10 倍。

一位珠宝商曾经创造出了一款价值1300多万元的大富翁游戏*。游戏中所使用的骰子是用 18K 金制成，骰子上的圆点是用钻石镶嵌的，而棋盘则是由黄金制成的。

* 此处的"游戏"与上一条中的"比赛"在英语中均为"game"。

"哈利·波特"系列中的魔法城堡"霍格沃茨"一共有 142 座楼梯。

欧洲中世纪城堡中的厕所**被称为"私室"。

世界上最长的楼梯建在瑞士的一座山上，一共有 11674 级台阶。

** 此处的"厕所"与上一条中的"马桶"在英语中均为"toilet"。

地球上最剧烈的**火山**喷发释放出的尘埃会导致月亮看上去呈现出**蓝**色——其实是这些尘埃影响了大气，而不是真的让月亮变成蓝色。

蓝鲸可以与1609千米外的另一头蓝鲸进行交流。

可以通过**鲸**的**耳屎**来判断它们的年龄。

耳屎在医学上被称为"耵（dīng）聍（níng）"。它实际上不是"屎"，而是皮肤细胞、**汗**液、污垢与皮脂的混合物。

有些橄榄球运动员在一场**比赛**中流下的**汗**水可重达4千克。

美国夏威夷的冒纳凯阿火**山**实际上是地球上最高的山峰。它比珠穆朗玛峰还要高1000多米，只是它的大部分山体都被淹没在**海**面下。

海蚀洞的形成要经过**海**浪数千年的不断冲击。有些海蚀洞甚至还带有吹蚀穴，海水会从洞穴顶部的小孔中喷涌而出。

进去看看

世界上最大的洞穴的其中一个洞窟大到可以容纳一座城市的整个街区，甚至还可以装下 40 层高的摩天大楼。

好多蝙蝠

美国得克萨斯州的布兰肯洞穴是世界上已知的最大的**蝙蝠群**栖息地。那里的 2000 万只蝙蝠每天晚上要花 4 个小时才能全部飞出洞穴。

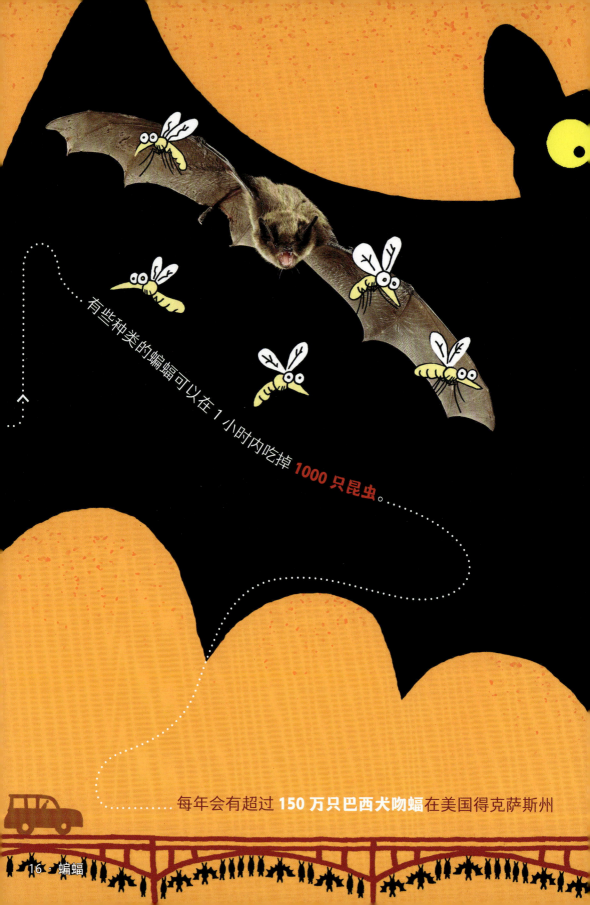

有些种类的蝙蝠可以在 1 小时内吃掉 **1000 只昆虫**。

每年会有超过 **150 万只巴西犬吻蝠**在美国得克萨斯州

跳转至第 66 页

多汁的水果

在英语中，动物幼崽通常有一个不同的称呼。蝙蝠的幼崽被称为"**pup**"。

更多便便

并非所有的蝙蝠都以昆虫为食，有些蝙蝠是吃**种子、花粉和水果**的。

当蝙蝠摄入了大量的壳多糖（使昆虫的甲壳有光泽的物质）后，它们的粪便就会**闪闪发光**。

奥斯汀市的一座桥下生活一段时间。

牛油果是一种

浆果。

有一种苹果的果肉是**亮粉色**的，这一品种叫作"粉红珍珠"。

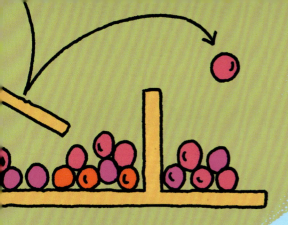

人们通过测试**蔓越莓**的弹性来判断它们是否成熟。

草莓表皮上那些小"籽"实际上并不是种子，而是**果实**。真正的**种子**藏在这些小"籽"里面。

持续生长

榴梿是一种闻起来非常臭的**水果**，以至于在新加坡，乘客被禁止携带榴梿上公共汽车和地铁。

世界上已知的 **最大的种子** 是海椰子的 果实，其重量 可以超过 2 个 保龄球。

斯瓦尔巴 全球种子库

斯瓦尔巴
全球种子库位于
挪威的一座山体内部。
那里储存了超过 **100 万**个
种子样本，旨在抵御因全球性
灾难导致的农作物绝种问题。

是时候绽放了 >

西蓝花是一种花。

在荷兰历史上的一段短暂时期内，有些郁金香的价格甚至比房子还贵。

多点儿阳光

跳转至第 6 页

在维多利亚时代的英国，人们用花来传递信息，这种特殊的语言被称为

"花语"。

比如，杜鹃花意味着危险，雏菊代表天真烂漫，常春藤或金合欢则象征着友谊。

有些品种的花闻起来像**巧克力**。

新长出的向日葵在白天会根据太阳的位置转动花盘，使得自己总是**面朝太阳**。每到晚上花盘便会复位，准备迎接新一天的日出。

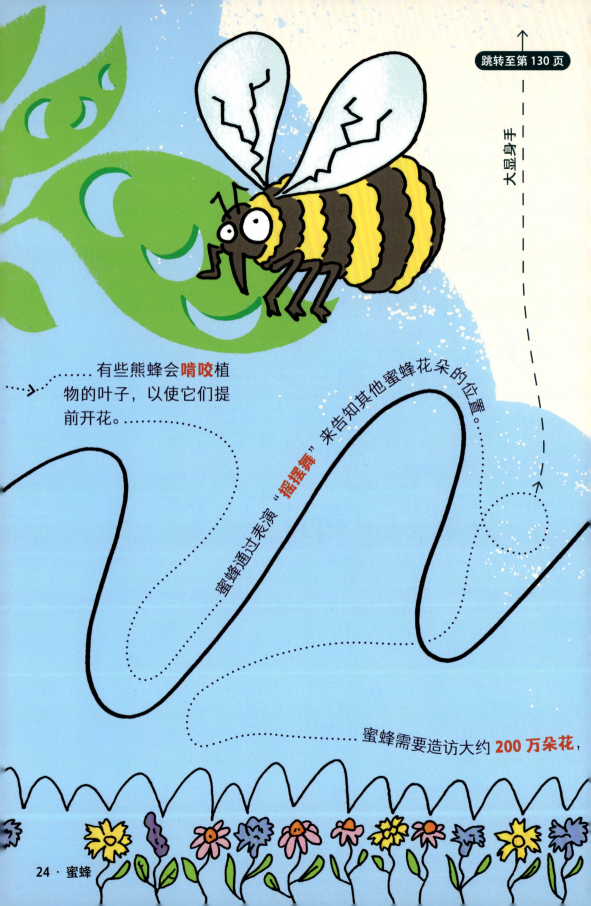

跳转至第 130 页

大显身手

...... 有些熊蜂会**啃咬**植物的叶子，以使它们提前开花。......

蜜蜂通过表演"**摇摆舞**"来告知其他蜜蜂花朵的位置。

蜜蜂需要造访大约 **200 万朵花**，

甜丝丝的

才能够酿造出大约 450 克**蜂蜜**。

有时即使在没有吸食花蜜的情况下，蜜蜂也能够酿造出蜂蜜。比如，法国有一些蜜蜂在吸食了彩色的 **m&m's 巧克力豆碎片** 后就酿出了蓝色和绿色的蜂蜜。

考古学家们在**古埃及的陵墓**中发现了蜂蜜。尽管这些蜂蜜已经有几千年的历史了，但它们仍然可以食用。

继续挖掘

喵！

古埃及人有时会将去世的**宠物猫**制成木乃伊。

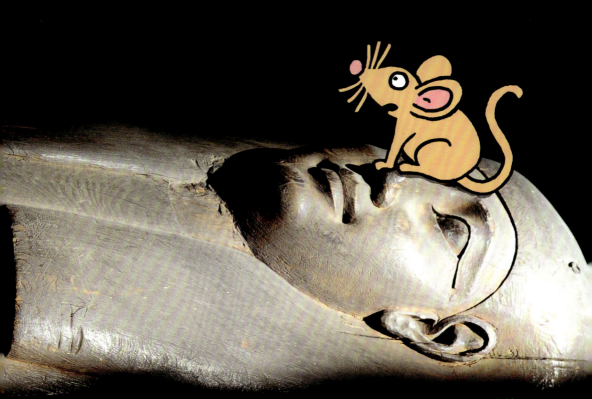

一位音乐家专门**为猫咪创作了几首乐曲**。这些曲子包含尖细的吱吱声、类似于鸟叫的唧唧声，甚至还有猫咪高兴时经常发出的呼噜声。

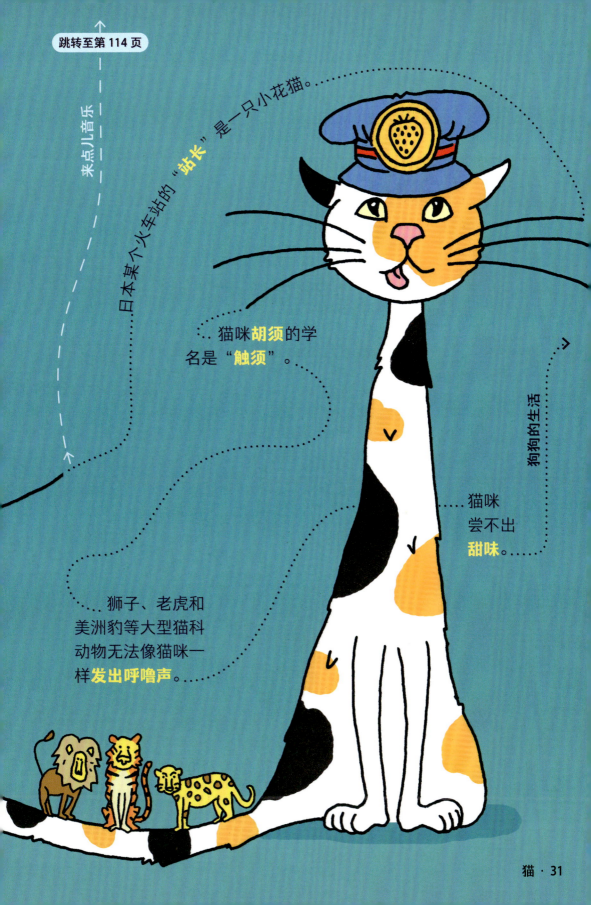

跳转至第 114 页

来点儿音乐

日本某个火车站的"站长"是一只小花猫。

猫咪**胡须**的学名是"**触须**"。

狗狗的生活

猫咪尝不出**甜味**。

狮子、老虎和美洲豹等大型猫科动物无法像猫咪一样**发出呼噜声**。

打哈欠是会传染的，在狗狗与它们的主人之间也常会出现。

大麦町犬刚出生时是**纯白色**的，身上的斑点在它们长大后才会显现出来。

狗狗的**爪子**是其身上唯一会出汗的部位。

一些餐厅有为狗狗准备的**特别菜单**。美国加利福尼亚州就有一家餐厅专门为狗狗提供热狗、肉饼等食物，甚至还提供"好狗狗"牛排。

饿了吗？

狗狗会做梦

有一家餐厅被起重机吊起，**悬挂于 50 米的高空中，顾客能体验到在半空中就餐的感觉。**

注意安全！

世界上最大的**水下餐厅**位于挪威，它同时也是一个海洋研究中心。它潜在于海平面之下。

潜下去

有一家餐厅会将食物盛放在**座便器**形状的餐具中。

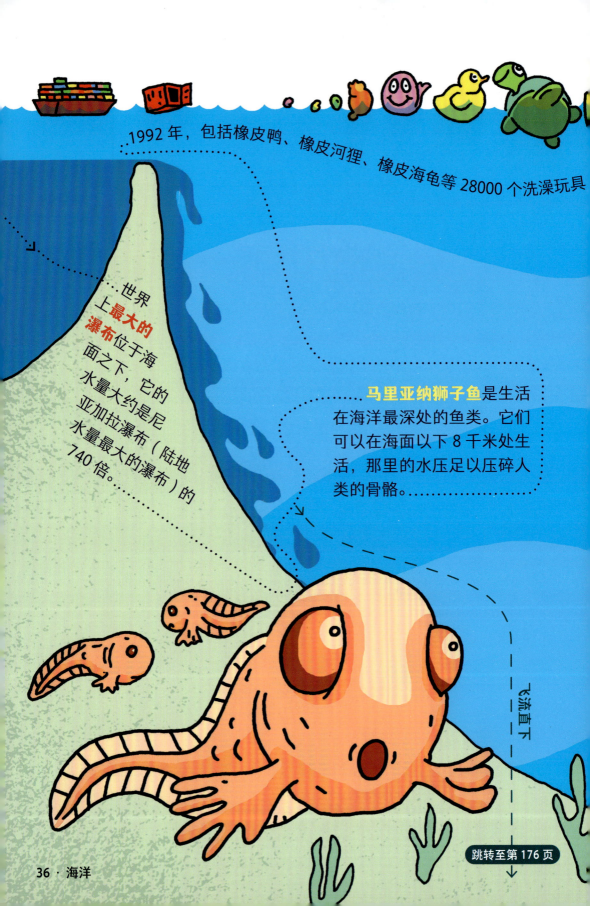

1992 年，包括橡皮鸭、橡皮河狸、橡皮海龟等 28000 个洗澡玩具

世界上 **最大的瀑布** 位于海面之下，它的水量大约是尼亚加拉瀑布（陆地水量最大的瀑布）的 740 倍。

马里亚纳狮子鱼是生活在海洋最深处的鱼类。它们可以在海面以下 8 千米处生活，那里的水压足以压碎人类的骨骼。

飞流直下

跳转至第 176 页

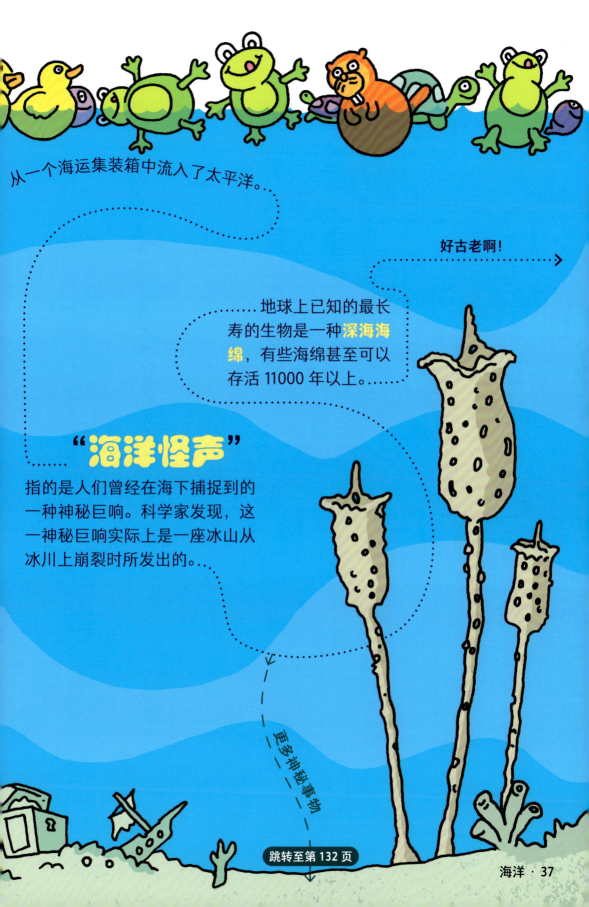

从一个海运集装箱中流入了太平洋。

好古老啊！

地球上已知的最长寿的生物是一种**深海海绵**，有些海绵甚至可以存活 11000 年以上。

"海洋怪声"

指的是人们曾经在海下捕捉到的一种神秘巨响。科学家发现，这一神秘巨响实际上是一座冰山从冰川上崩裂时所发出的。

更多神秘事物

跳转至第 132 页

"老寿星"是一棵生长于美国加利福尼亚州的狐尾松。它已经存活了近5000年，比古埃及**金字塔**的历史还要悠久。

一年当中有两天时间，墨西哥的库库尔坎**金字塔**在阳光照射下所投射出的阴影看起来宛若一条正在爬行的巨**蛇**。

有些海滩的**沙子**是粉红色的，那些沙子实际上是一些微小的海洋生物的**外壳**。

土星**环**是由冰、岩石、星际尘埃和其他物质组成的——它们有些只有一粒**沙子**那么大，有些则有一座山那么大。

有科学家认为，**火星**周围曾经是有行星**环**的。

有些大砗（chē）磲（qú）的两片**外壳**可重达250千克，比两只成年**大熊猫**还要重。

古爱尔兰人会将**黄油**埋藏在**沼泽**湿地里，这样可以延长其存放时间。

大熊猫宝宝出生时的体重差不多相当于一块**黄油**的重量。

成年甲龙有如同棍棒一般的**尾巴**，其挥舞起来时的冲击力，是职业**棒球**运动员挥棒击球的力量的 350 多倍。

可以通过每条蟒**蛇尾巴**下面的鳞片图案来辨别它们，因为不会有两条蟒蛇拥有相同的鳞片图案。

美国职业**棒球**联赛中使用的每个棒球都用一种特殊的**泥巴**擦拭过。这种泥巴是从美国新泽西州的一个秘密地点收集来的。

火星上有一处被称为"笑脸"的**陨击坑***，因为它看起来就像是一张正在微笑的人脸。

你可以在哥伦比亚的一座**火山口**内洗**泥**浆浴。

* 此处的"陨击坑"与上一条中的"火山口"在英语中均为"crater"。

英国威尔士每年都会举办世界**沼泽**浮潜锦标赛。参赛选手们戴着呼吸管和**脚蹼****在泥水中游泳，有时还会身着奇装异服。

座头鲸的**胸鳍**并不是平滑的，而是凹凸不平的。科学家一直在研究它们胸鳍上被称为"结节"的凸块，为的是制造出更符合空气动力学原理的飞机机翼。

** 此处的"脚蹼"与下一条中的"胸鳍"在英语中均为"flipper"。

"鲸"（精）彩的事实

时光倒流

有一种远古鲸拥有**4 条腿**和有蹼的脚掌。

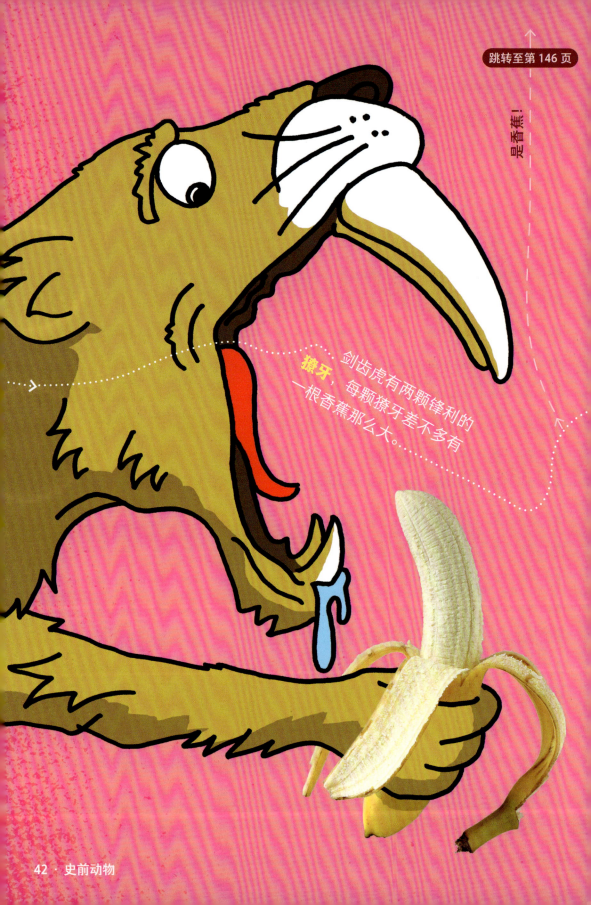

跳转至第 146 页

是香蕉！

獠牙，剑齿虎有两颗锋利的每颗獠牙差不多有一根香蕉那么大。

巨齿鲨

是有史以来生活在
海洋中的最大的鱼类。
它们的体形是现存的最大的
鲨鱼的 3 倍，其咬合力
是大白鲨的 10 倍。

"老掉牙"了

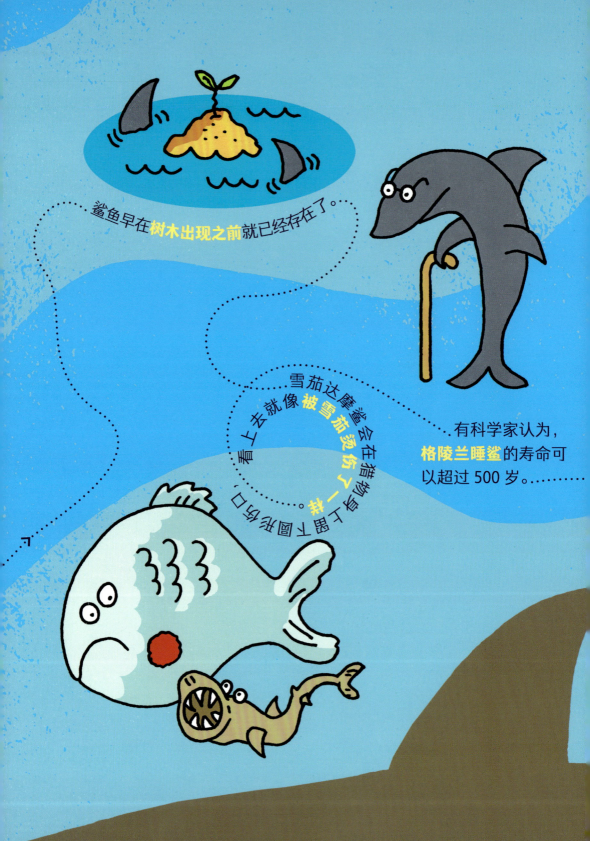

鲨鱼早在**树木出现之前**就已经存在了。

雪茄达摩鲨会在猎物身上咬下一块肉，看上去就像**被雪茄烫伤了一样**。

有科学家认为，**格陵兰睡鲨**的寿命可以超过 500 岁。

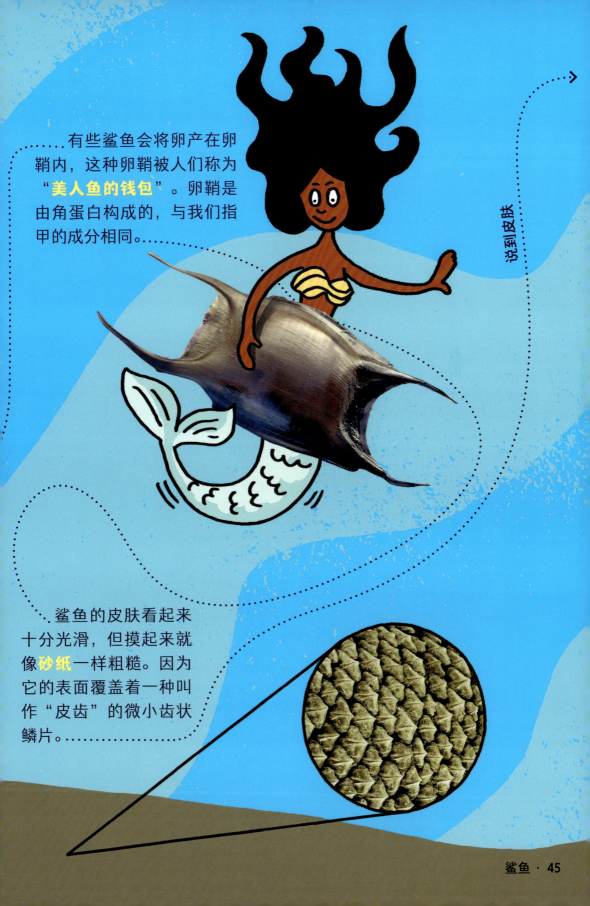

有些鲨鱼会将卵产在卵鞘内，这种卵鞘被人们称为"美人鱼的钱包"。卵鞘是由角蛋白构成的，与我们指甲的成分相同。

鲨鱼的皮肤看起来十分光滑，但摸起来就像砂纸一样粗糙。因为它的表面覆盖着一种叫作"皮齿"的微小齿状鳞片。

一个普通成年人身上所有皮肤的重量大约占体重的16%，比很多小型犬还要重。

青蛙可以通过皮肤进行呼吸。

跳转至第 166 页

跳到那里去

老虎身上呈现
条纹的部位，不仅
有毛发，还有
皮肤。

隐藏起来

有些猎蝽(chūn)会将**蚂蚁的尸体**当作背包背在身后,以此来躲避天敌。

有一种飞蛾幼虫是黑白相间的,它们通过**蜷缩身体**将自己伪装成鸟粪,以躲避饥饿的鸟儿。

跳转至第 134 页

有些动物使用的是"嗅觉伪装术"，它们会通过改变自身气味来隐藏自己。比如，有一种松鼠会将**响尾蛇**蜕下的**皮**嚼碎，再用力舔自己的皮毛，这样它们闻起来就像是一条毒蛇，而不是毒蛇的晚餐。

呃，好难闻！

奇形怪状

章鱼、鱿鱼和墨鱼等头足类动物可以在几毫秒内**变换颜色**。

在第一次世界大战和第二次世界大战中，一些军队会为大型船只涂上**炫目的迷彩**，以使敌人更难察觉船只的具体大小与去向。

20 世纪 50 年代至 60 年代初，一些电影院引入了**"嗅觉电影"**，在观影者的座位下铺设了可以释放气味的管道。

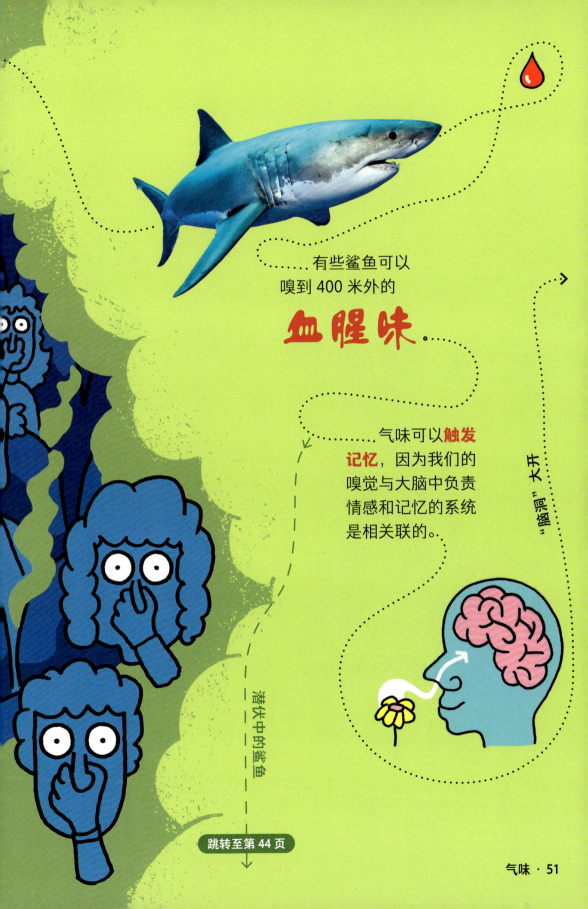

有些鲨鱼可以
嗅到 400 米外的

血腥味

气味可以**触发
记忆**，因为我们的
嗅觉与大脑中负责
情感和记忆的系统
是相关联的。

脑洞"大开

潜伏中的鲨鱼

跳转至第 44 页

人脑产生的**电力**足以为一只小灯泡供电。

↑
跳转至第 152 页

通电的瞬间，灯亮了！

水母

没有大脑。

但是有很多触手

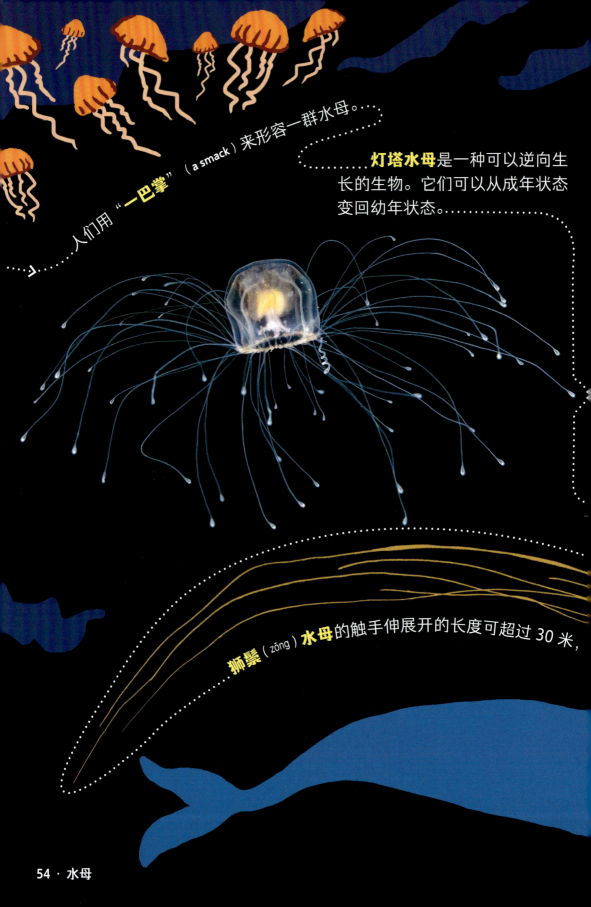

人们用"**一巴掌**"（*a smack*）来形容一群水母。

灯塔水母是一种可以逆向生长的生物。它们可以从成年状态变回幼年状态。

狮鬃（zōng）水母的触手伸展开的长度可超过 30 米。

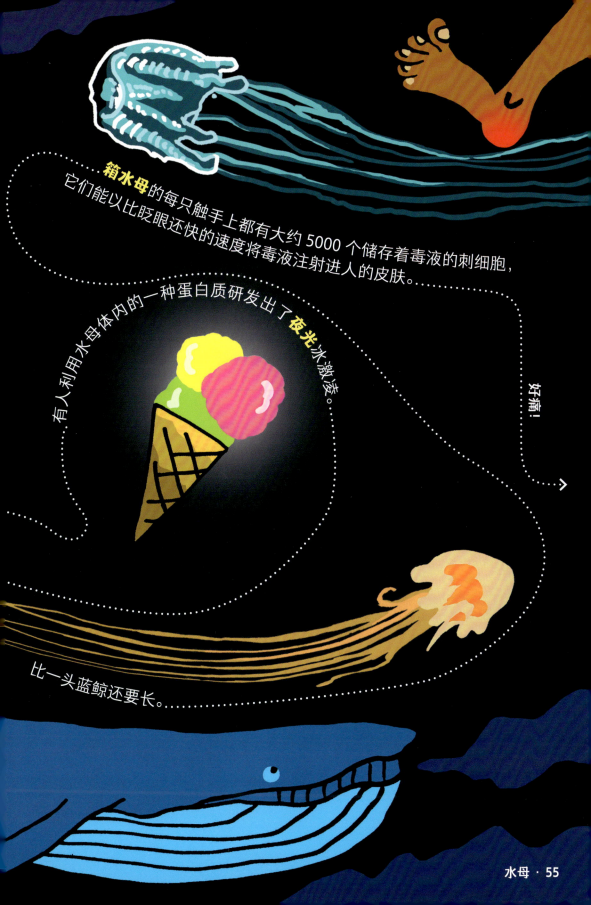

箱水母的每只触手上都有大约 5000 个储存着毒液的刺细胞，它们能以比眨眼还快的速度将毒液注射进人的皮肤。

有人利用水母体内的一种蛋白质研发出了**夜光冰激凌**。

好痛！

比一头蓝鲸还要长。

非洲冠鼠的**毛皮有致命的毒性**。它们会把含有有毒物质的树皮嚼成糊状，然后涂抹在自己身上。

扁头泥蜂将**毒液**注射进蟑螂的大脑后，可以对其进行**精神控制**。

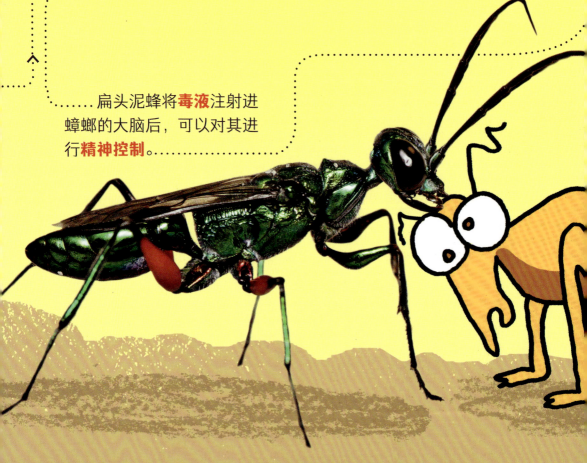

......巴西海岸附近有一座无人居住的蛇岛，岛上有数以千计的金矛头蝮。这种毒蛇的**毒液**会腐蚀人的皮肤，让伤口难以愈合。......

蛇行前进

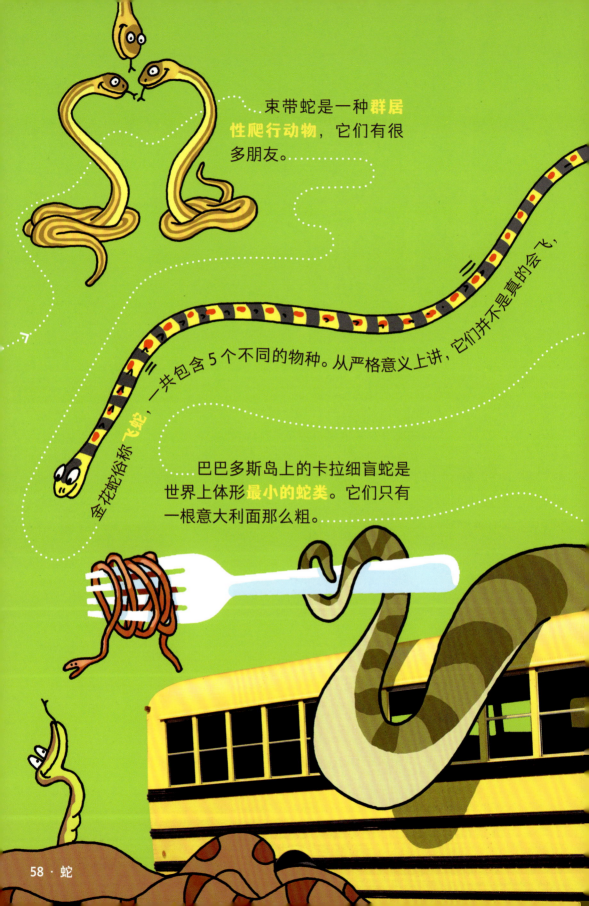

束带蛇是一种**群居性爬行动物**，它们有很多朋友。

金花蛇俗称飞蛇，一共包含 5 个不同的物种。从严格意义上讲，它们并不是真的会飞，

巴巴多斯岛上的卡拉细盲蛇是世界上体形**最小的蛇类**。它们只有一根意大利面那么粗。

而是在树木间滑行，它们还能通过摆动身体来控制"飞行"方向。

舔—舔

蛇**吐出芯子**是为了感知空气中的气味。

这种史前掠食动物的体长比一辆校车还长，它们能吃下 6 米长的鳄鱼。

泰坦巨蟒是有史以来体形**最大的蛇类**。

很久以前

跳转至第 42 页

穿山甲的舌头可以一直在体内向后**延伸**至臀部。

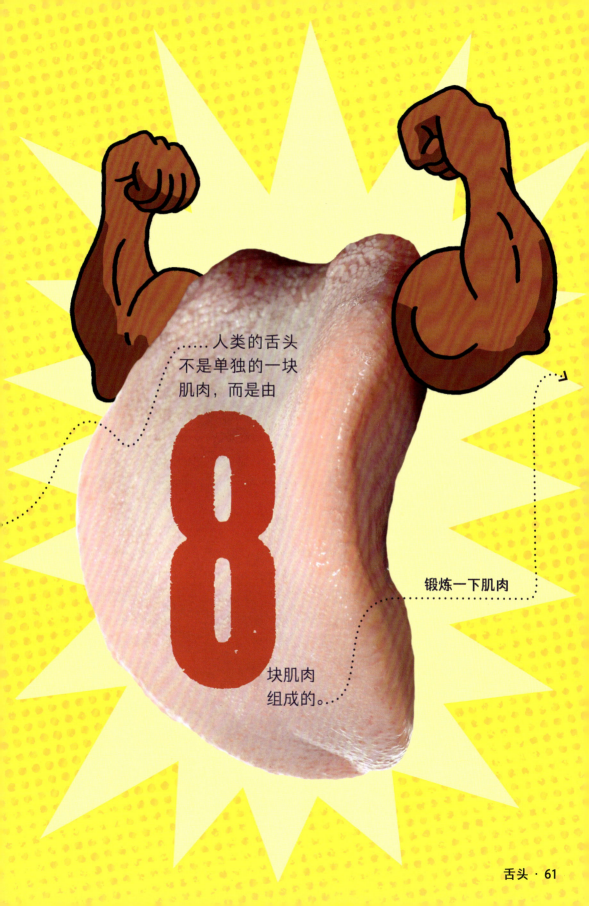

人类的舌头
不是单独的一块
肌肉，而是由

8

块肌肉
组成的。

锻炼一下肌肉

如果你能控制自己的耳郭肌肉，那么你就可以**动动自己的耳朵。**

人类的 **手指上** 是没有 肌肉的。

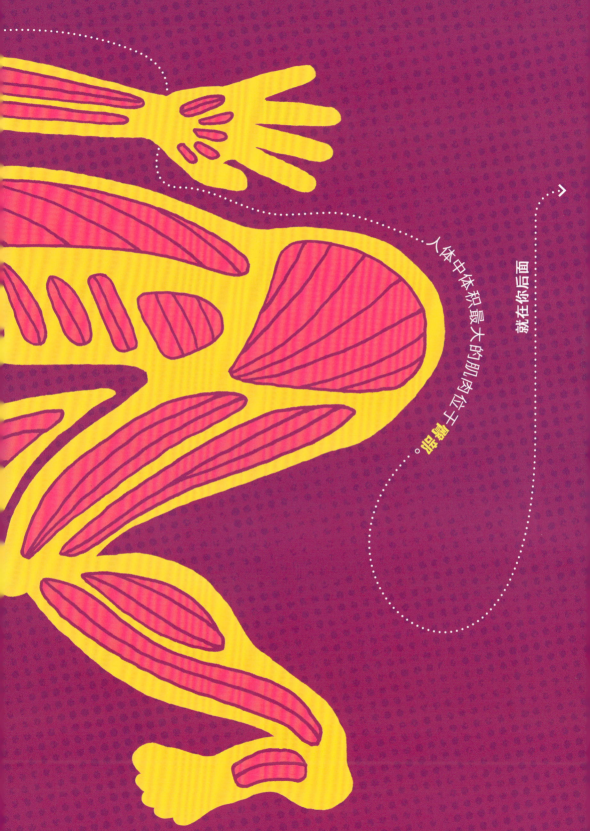

快坐下吧，人体中体积最大的肌肉位于臀部。

有科学家曾经误以为一些恐龙的臀部附近长有**第二个大脑**。

该上"大号"了

河狸的臀部附近会分泌一种**类似于香草气味**的物质，这种物质有时会被用于制作香水。

袋熊是世界上已知的唯一一种大便呈立方体状的动物。

鸟粪的**白色部分**实际上并不是大便，而是尿液。

跳转至第 100 页

发射！

以前的**航天员们曾在月球上**留下了一袋袋的粪便。

从太空捕捉到的卫星图像中可以看到
阿德利企鹅群的**亮粉色粪便**。

啾啾，啾啾！

...夏威夷海滩上的白沙其实是**鹦嘴鱼**的粪便。鹦嘴鱼以珊瑚为食，而珊瑚在其体内会被磨成细沙，继而被排出体外。

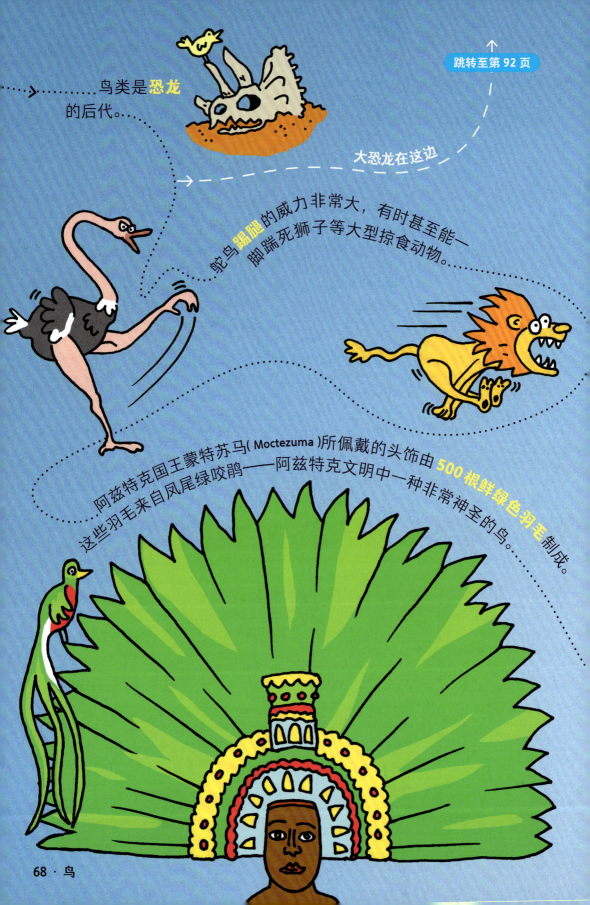

鸟类是**恐龙**的后代。

跳转至第 92 页

大恐龙在这边

鸵鸟**踢腿**的威力非常大，有时甚至能一脚踹死狮子等大型掠食动物。

阿兹特克国王蒙特苏马(Moctezuma)所佩戴的头饰由**500 根鲜绿色羽毛**制成。这些羽毛来自凤尾绿咬鹃——阿兹特克文明中一种非常神圣的鸟。

······善于交际的群织雀可以合力建造出宛若**公寓楼**的巨大鸟巢。鸟巢内部有 100 多个巢穴，每对群织雀都会分到自己的独立房间。······

还有这样的房子？

蓝胸佛法僧的幼鸟在遭遇捕食者时会喷吐**橙色呕吐物**。

韩国有一幢世界上独一无二的**马桶屋**。如今它已成为一座博物馆，在馆内空地上还设有以厕所为主题的艺术装置，包括一堆金色的大便。

把盖子掀开

16 世纪时，伺候英国国王如厕是一份非常有声望的**工作**，从事该工作的人被称为"粪便男仆"。

职业**冰激凌**品尝师是一种真实存在的**工作**。

古希腊人认为**洋葱**能够使自己变得更加强壮，因此他们会在备战古代**奥林匹克运动会**期间吃洋葱。

在**古埃及**，人们有时会将木乃伊的眼睛替换成**洋葱**。

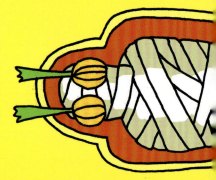

拔河曾经是**奥林匹克运动会**上的**运动**项目。

有家**冰激凌**店曾出售一种名为"冷汗"的冰激凌，它里面含有3种**辣椒**和2种辣酱。

辣椒素是一种在**辣椒**中发现的化学物质，它在一些**药物**中被用于缓解疼痛。

在**古埃及**，人们曾将发霉的面包和蜂蜜当作**药物**使用。

高尔夫球是唯一一项曾在**月球**上进行过的体育**运动**。

航天员在**月球**上放了3个像镜子一样的装置，它们能将地球上发出的激光反射回去，来帮助科学家计算月球和地球之间的距离。

反射一下

法国**凡尔赛宫**的镜厅一共有 357 面镜子。……

……童话《白雪公主》的灵感可能来源于一位**德国男爵夫人**。她的家族拥有一家制作镜子的工厂。……

……有些动物能够在镜子中认出自己，比如**黑猩猩、大象和喜鹊**等。……

一只名叫亚历克斯（Alex）的非洲灰鹦鹉经过**训练**后不仅学会了**数数**，还能够理解"零"的含义。大多数人在 4 岁之前都理解不了这一概念。

在一些**记忆力测试**中，黑猩猩的表现比人类好。

非常像样

在下雨天，猩猩（又称红猩猩）有时会将**大片的叶子**当作**雨伞**来使用。

类人猿一共分为 **4 种**：

长臂猿	大猩猩	黑猩猩	猩猩

一些科学家认为人类也是一种类人猿。

与其他所有猿类不同，倭黑猩猩种群生活在母系社会中——它们的**领导者均为雌性**。

山地大猩猩**生活在高海拔森林里**，那里的海拔差不多相当于**跳伞者**从飞机上跳下时的高度。

请系好安全带

黑猩猩被挠痒痒时会发出**笑声**。

飞机的设计可以抵御**闪电和雷击**。一架客机平均每年都会被一道闪电击中。

跳转至第 154 页

迅如闪电

世界上**翼展最长**的飞机的机翼比橄榄球球场还要长。这架飞机并不是用来搭载乘客的，而是用来搭载运载火箭的，运载火箭能将卫星发射至太空。

扇动翅膀

飞机上的食物吃起来与平时的味道不同。因为机舱内干燥的空气加上飞行高度所带来的气压变化，会使我们的味蕾对**甜味和咸味**的敏感度降低30%左右。

飞行时间到啦！ →

安第斯神鹫在飞行过程中几乎不怎么扇动自己的翅膀。根据科学家的记录，曾有一只安第斯神鹫在不扇动翅膀的情况下翱翔超过 160 千米。

普通楼燕可以持续飞行近一年不落**地**。

有些类型的**云**可以重达50万千克以上，差不多相当于71头**非洲象**的体重。

科学家在宇宙中发现了一团像**云**一样的类星体，里面所含**水**分是地球海洋的140万亿倍。

非洲象鼻子上有4万块**肌肉**——人类全身的肌肉相加也只有大约639块。

科学家用一种可以用来生产**薯片**包装袋的塑料，和其他材料一起研制出了一种人造**肌肉**。

当雨水滴落在土**地**上时，土壤中的一种细菌会释放一种名为土臭素的化学物质。这种物质会散发出一股泥土的气息。有些人甚至会用它来制作**香水**。

有些**香水**中含有一种名为龙涎香的原料，它是**抹香鲸**肠胃内的一种分泌物。

抹香鲸大脑是**人脑**大小的 6 倍，也是地球上所有动物大脑中最大的。

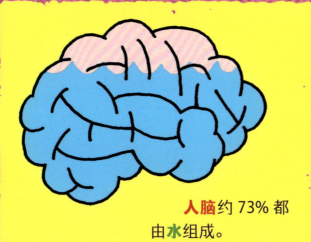

人脑约 73% 都由**水**组成。

世界上最大包的袋装**薯片**重达 1141 千克，差不多跟一幢房子一样高，里面的薯片是海盐味的。

破纪录啦！

一名男子成功地在自己的胡子里插入了 3500 根牙签，成为世界上在胡子里插入**牙签数量最多**的人。

有人收集了 5631 只橡皮鸭，并专门为它们准备了一个房间，这是世界上**最大规模的橡皮鸭收藏**。

毛都立起来了！

跳转至第 124 页

跳转至第94页

比分如何?

一只名叫比尼（Bini）的兔子在1分钟内完成了7次扣篮，成为世界上1分钟**扣篮次数最多**的兔子。

虽然比尼实际上是用嘴巴叼球投篮的，但这不妨碍你把它想象成一位篮球明星，对吧?

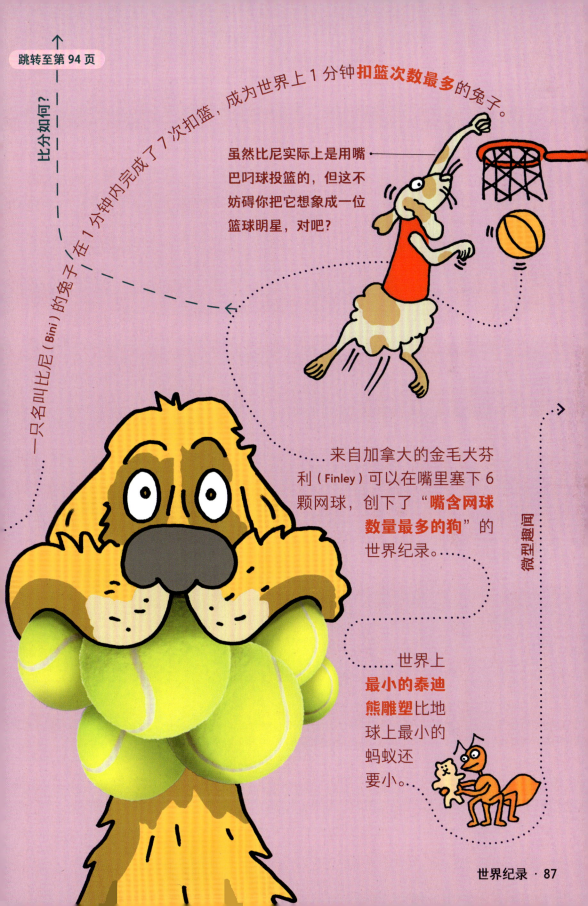

来自加拿大的金毛犬芬利（Finley）可以在嘴里塞下6颗网球，创下了"**嘴含网球数量最多的狗**"的世界纪录。

微型趣闻

世界上**最小的泰迪熊雕塑**比地球上最小的蚂蚁还要小。

显微镜下的竹子横截面

荷兰科学家安东尼·菲利普斯·范·列文虎克（Antonie Philips van Leeuwenhoek）发现了微观生命，他将其称为"微生物"。

有一种**细菌**的**排泄物**是**黄金**。

如此闪耀 ⟩

世界上**最小的**"**雪人**"是由二氧化硅制成的。它只有 3 微米高，小到需要 25 个这样的雪人堆叠起来才能达到一根头发丝的直径。

显微镜下的洋葱表皮

航天员的头盔上镀有一层黄金。

航天员将自己的排泄物从国际空间站弹出后，这些排泄物会在地球大气层中燃烧，看起来就和一颗流**星**没什么两样。

宇宙中的恒**星**数量与 10 滴**水**所含的分子数量大致相等。

有些**鲨鱼**生活在海底**火山**的内部。

火山可能会喷发出含有**钻石**的岩浆。有些钻石开发商会挖掘曾经的火山通道来寻找钻石。

科学家发现了目前已知的唯一一种以**植物**为食的**鲨鱼**。

古生物学家发现了 27 亿年前的**雨**痕**化石**。

海王星和天王星上会下总重量达数百万克拉的**钻石雨**。

生活在澳大利亚的储**水蛙**可以在全身上下储存足够多的水分，以至于几年都不需要饮水。

非洲巨**蛙**是地球上最大的蛙类，其体重不亚于一只家**猫**的体重。

竹子是地球上生长速度最快的**植物**。有些种类的竹子可以在1天内长高近1米。

猫的**骨**头数量比一般成年人的还要多。

大熊猫有一些特别的**腕骨**，这些腕骨可以帮助它们牢牢地抓住**竹子**。

霸王**龙**可以一口气吃掉227千克的肉，这相当于2000个汉堡包的重量。

印有恐**龙**脚印的**化石**都被称为恐龙"足迹化石"。

更多关于恐龙的发现

霸王龙**头骨上的洞**
可以为其大脑降温。

霸王龙宝宝大概只有
一只成年**吉娃娃**那么大。

↑
跳转至第 52 页

更多关于大脑的趣闻

世界上有史以来最大
的霸王龙被称作"斯科蒂"。
它的体重超过 8800 千克，
差不多是 **5 头犀牛**
加在一起的重量。

多运动

有些人可以**跑得**比霸王龙还**快**。

霸王龙的英语名称是 Tyrannosaurus Rex，它将**古希腊语和拉丁语**
中意为 **"残暴的蜥蜴"** 和 **"王"** 的单词进行了组合。

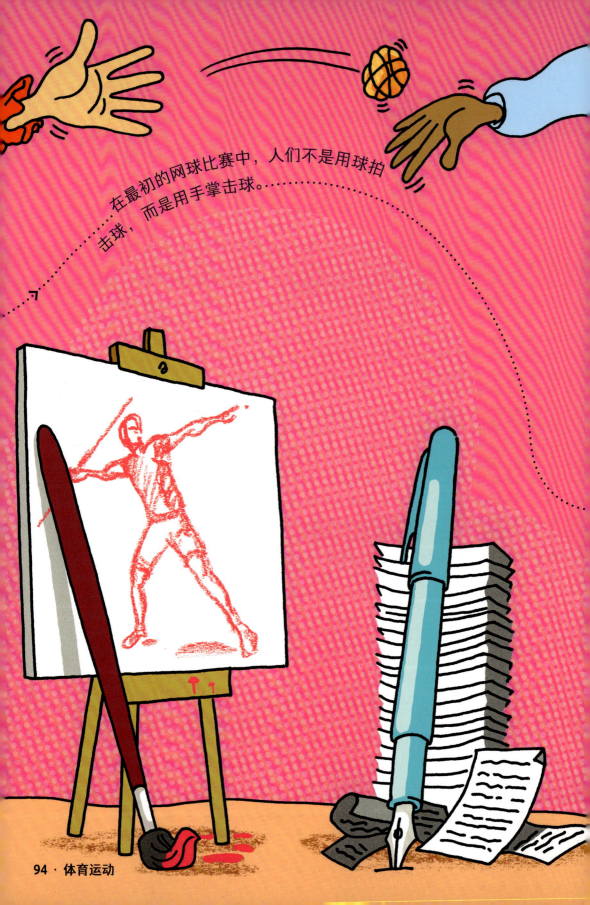

在最初的网球比赛中，人们不是用球拍击球，而是用手掌击球。

著名棒球运动员贝比·鲁斯（Babe Ruth）有时会在自己的帽子下放一片卷心菜叶，以保持凉爽。

把蔬菜吃了

建筑、音乐、文学、绘画和雕塑

都曾经是奥林匹克运动会的比赛项目。

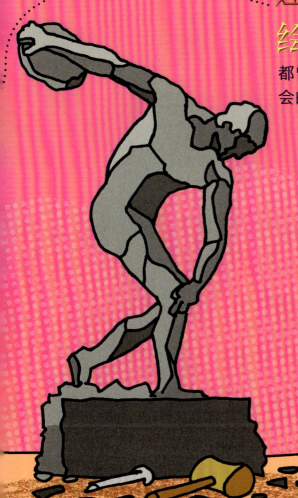

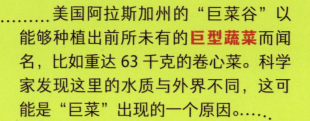

美国阿拉斯加州的"巨菜谷"以能够种植出前所未有的**巨型蔬菜**而闻名，比如重达 63 千克的卷心菜。科学家发现这里的水质与外界不同，这可能是"巨菜"出现的一个原因。

奥地利蔬菜乐团的成员会在音乐会上演奏由蔬菜制成的**乐器**，比如韭葱小提琴、胡萝卜马林巴和彩椒小号。

叮叮咚咚！

跳转至第 114 页

人们最初食用的胡萝卜是**黄色和紫色**的。

有些蔬菜在微波炉中加热时会产生

火花。

航天员在太空中种植和食用的第一种蔬菜是红罗马生菜。

触手可及的星星

带电的东西

跳转至第 152 页

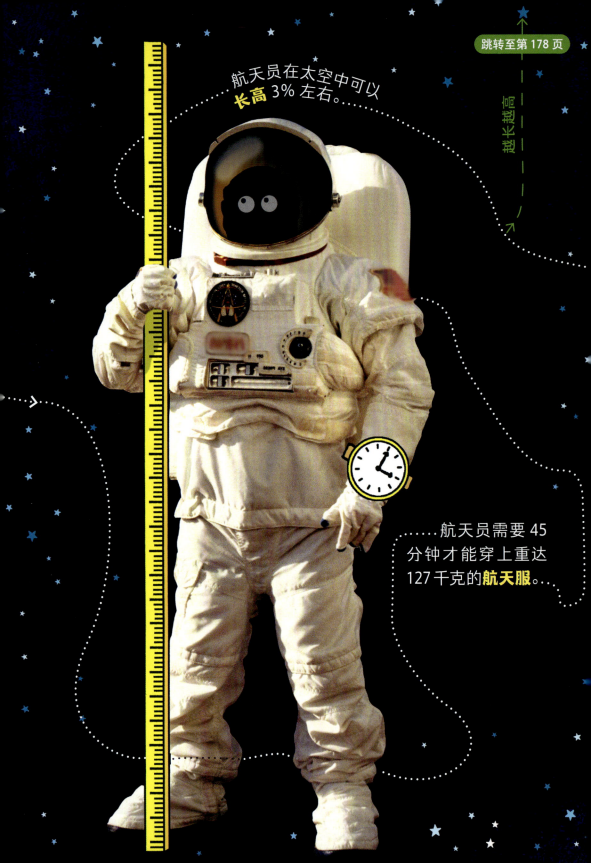

跳转至第 178 页

越长越高

航天员在太空中可以**长高** 3% 左右。

航天员需要 45 分钟才能穿上重达 127 千克的**航天服**。

在国际空间站里，大部分航天员都睡在与电话亭差不多大小的隔间里。

一些航天员声称太空的气味**闻**起来像烤牛排、火药加上树莓的气味。这种气味甚至被制成了一种香水，以重现太空的气味。

因为没有风的干扰，航天员们留在月球上的**脚印**可以保存数百万年之久。

月亮之上

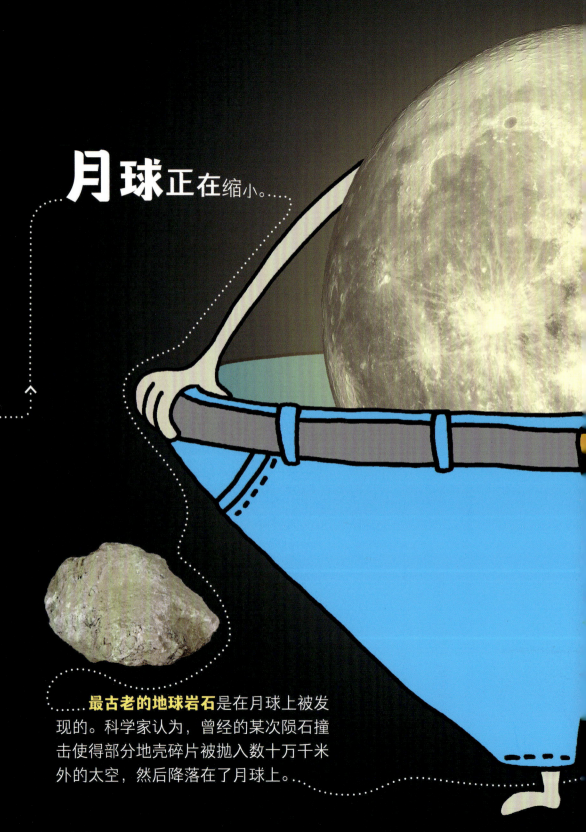

月球正在缩小。

最古老的地球岩石是在月球上被发现的。科学家认为，曾经的某次陨石撞击使得部分地壳碎片被抛入数十万千米外的太空，然后降落在了月球上。

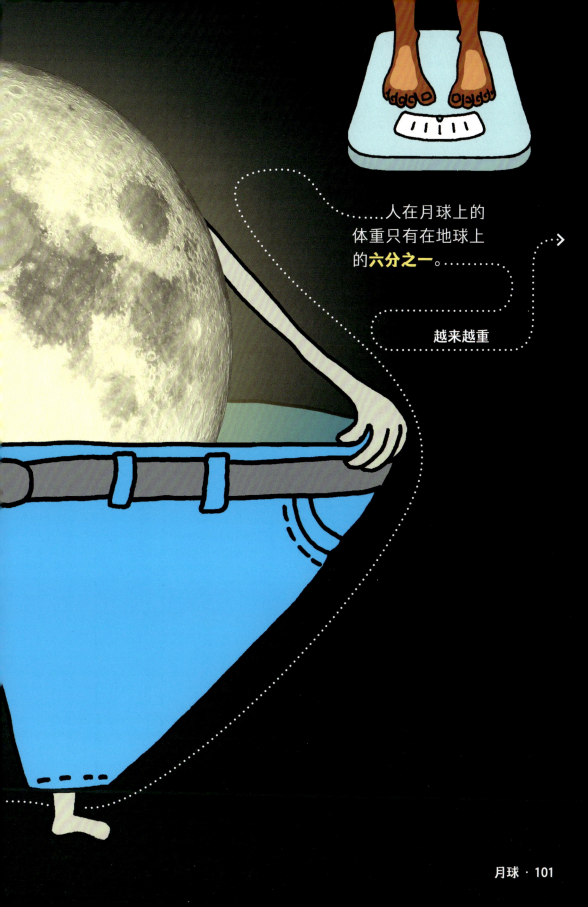

人在月球上的
体重只有在地球上
的**六分之一**。

越来越重

中子星是宇宙中除黑洞外密度最大的星体。科学家认为，仅仅一茶匙的中子星就和珠穆朗玛峰差不多重。

蓝鲸是地球上现存最重的动物。在出生后的

卸下重担

七八个月间，蓝鲸宝宝平均每天会增重 90 千克。

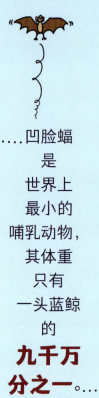

凹脸蝠
是
世界上
最小的
哺乳动物，
其体重
只有
一头蓝鲸
的
**九千万
分之一。**

大多数**鸟类的骨骼**比它们的羽毛还轻。

好痒！

啄木鸟的**鼻孔**上长有特殊的羽毛，可以防止它们在啄树时不小心吸入木屑。

更多长羽毛的朋友

跳转至第 68 页

有些鸟类的羽毛可以发出声音，这种现象被称为"**翅膀口哨儿**"。

啦啦啦！

火烈鸟并非生来就有**粉红色的羽毛**，它们幼鸟的羽毛颜色是白色或灰色的。

合唱团成员在集体演唱时可能会实现**心**率同步。

冥王星上有一片**心**形的冰原。

壮发蛙可以将自己手脚内的**骨头**折断，然后再将其推到皮肤外面，形成防御用的**爪子** *。

鲨鱼有锋利坚硬的牙齿，却长了一身"软**骨头**"。

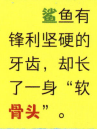

*此处的"爪子"与下一条中的"螯"在英语中均为"claw"。

椰子蟹双**螯**(áo)的力量非常大，与一头**狮子**的咬合力差不多。

雄性**狮子**每天可以**睡**20个小时。

冥王星是以**罗马**神话中的冥王普鲁托(Pluto)命名的。

古**罗马**人会用尿液来美白**牙齿**。

深海巨口鱼的**牙齿**是透明的，比大白**鲨**的牙齿还要结实。

有些动物能站着**睡**觉，比如马、火烈鸟和大象等。

包罗万"象"

大象之间相互交流所使用的声音频率非常低，不在人耳能够捕捉的范围之内。这些**声音**可以通过地面**振动**传播，而大象会用**脚和鼻子**来"听"。

听好了！

马达加斯加岛上的
环尾狐猴会用类似于
"嗯"
的声音来呼唤自己的
朋友。

喇叭

......副栉(zhǐ)龙是一种头部有骨质头冠的恐龙。它们可能会将这种头冠当作来使用，来呼唤自己族群中的其他恐龙。......

来点儿音乐

大钟乳石管风琴位于美国弗吉尼亚州的一座洞穴内，它的琴声来自**洞中的钟乳石**。

调大音量

冰山破裂时发出的声音非常响亮，以至于科学家有时甚至在赤道附近都能用水听器或水下麦克风采集到它。

跳转至第 86 页

更多世界纪录的创造者

英国一名男子因

打嗝儿

声非常响亮而创下世界纪录，获得了"打嗝儿大王"的绰号。

吼猴的叫声
极为响亮，
在约 5 千米外仍能听到。

抹香鲸发出的**咔嗒声**差不多与火箭起飞时的声音一样响亮。

在适当的频率下，

演唱者

的响亮歌声能够震碎玻璃。

嘘！安静点儿！

地球上最安静的地方是一个叫作**消声室**的房间，那里安静到你可以听见自己的心跳。

跳转至第 80 页

冲上云霄

太空是有声音的，只是人耳无法听到。

猫头鹰的羽毛结构使得它们几乎可以悄无声息地飞行。科学家正在研究猫头鹰的翅膀，旨在设计出更安静的飞机和风力涡轮机。

请保持安静——

...ASMR 即自发性知觉经络反应，指的是有些人会因**某些感觉**或**声音**而产生一种**刺激感**，比如用手指敲击物体、将纸揉皱或是轻声耳语等。

...在夜里，长颈鹿会相互轻声**哼唱**。

微小的声音·119

葡萄牙的两座图书馆里面生活着一群蝙蝠。它们住在书架之间，以会**咬坏书籍的昆虫为食**。

守护在纽约公共图书馆**台阶**旁的两座狮子雕像已有 100 多年的历史。它们分别名为"坚忍"和"刚毅"。

狮群**狩猎**成功的概率大约只有 30%。

传说古埃及神话中的**战争女神**塞赫美特（Sekhmet）拥有一个母狮狮首。

对宠物猫**过敏**的人很可能也会**对狮子过敏**。

喵！

并非只有雄狮才**长鬣**（liè），

跳转至第 30 页

狮子的**夜视**能力非常出色，它们在黑暗环境中的视力是人类的 6 倍。

少数雌狮也能长出鬃。

发型不错

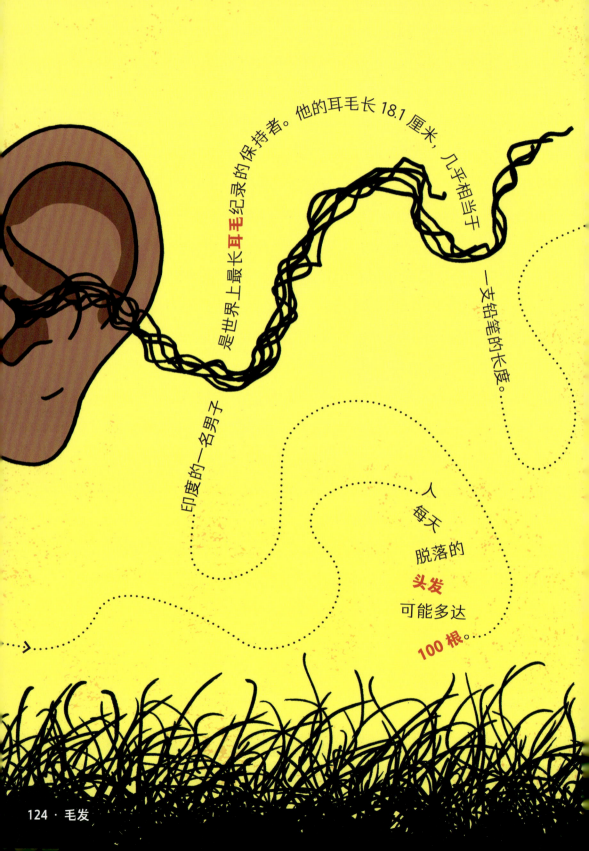

印度的一名男子是世界上最长**耳毛**纪录的保持者。他的耳毛长 18.1 厘米，几乎相当于一支铅笔的长度。

人每天脱落的**头发**可能多达 **100 根**。

在世界
胡须
锦标赛

上，一些参赛选手会将自己的胡须设计成滑稽可笑的造型。

你赢了！

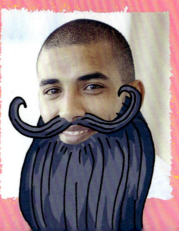

英格兰的一个小镇每年都会举办一场**捉蚯蚓**比赛。参赛者们将木棒或园艺叉插入泥土中并左右晃动，试图将尽可能多的蚯蚓从地下引诱出来。

扭来扭去　　　→

蚯蚓的卵看起来像迷你版的**柠檬**。

柠檬可以用来为**灯泡**供电。

托马斯·爱迪生（Thomas Edison）在研究**灯泡**的过程中测试了千余种可以被用来做灯丝或导线的材料，还曾经批量生产过**炭**丝灯泡。

日本的海岸线附近有一座**猫**比人多的小岛。

一只名为史塔布斯（Stubbs）的**猫**曾被选为美国**阿拉斯加州**一个小镇的荣誉镇长。

有一种**粉红色**鬣蜥只生活在太平洋的一座**岛**上。

美国**阿拉斯加州**每年都会举办世界最大的"拉厕所跑"比赛。比赛规定每个厕所内都必须有一个人坐在马桶上，并配一卷厕**纸**。

古罗马人上完厕所后用一根末端带有**海绵**的棍子代替厕**纸**进行擦拭。

原始的**比萨饼**都是用**炭**火烤制的，据说起源于中国的馅儿饼。

比萨饼曾经被送至**国际空间站**。

科学家发现了一颗被**粉红色**气体包裹的**行星**。

在一年当中的部分时间里，**行星**HD131399Ab上会出现 3 次**日出**，因为它同时围绕着 3 颗不同的恒星运行。

国际空间站上的航天员每天可以看到 16 次**日出**和日落。

展示你的舞姿

玻璃**海绵**是一种骨骼精细复杂，看上去像玻璃的海洋生物。有时，会有**虾**类住在玻璃海绵里面。

有些种类的清洁**虾**会通过舞蹈来吸引鱼类。

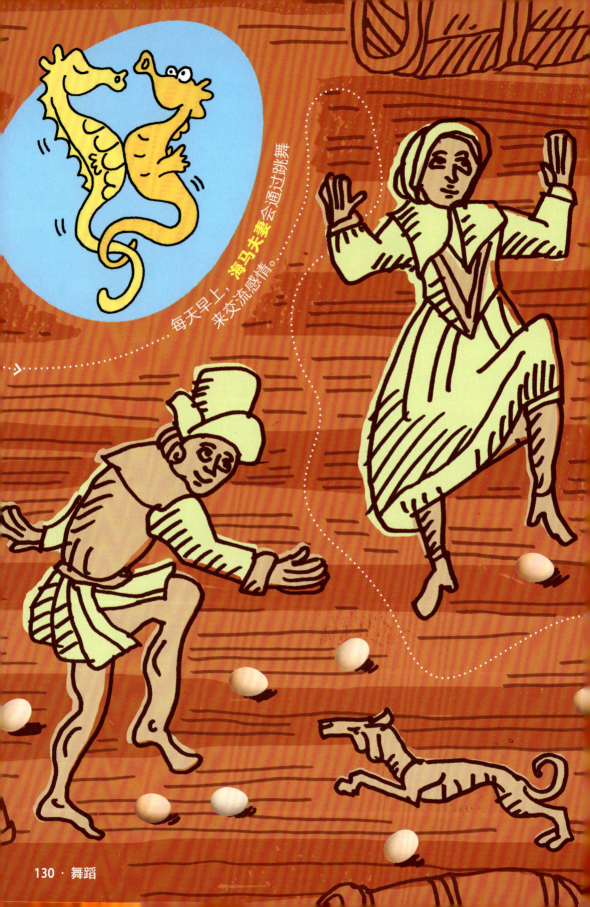

每天早上，**海马夫妻**会通过跳舞来交流感情。

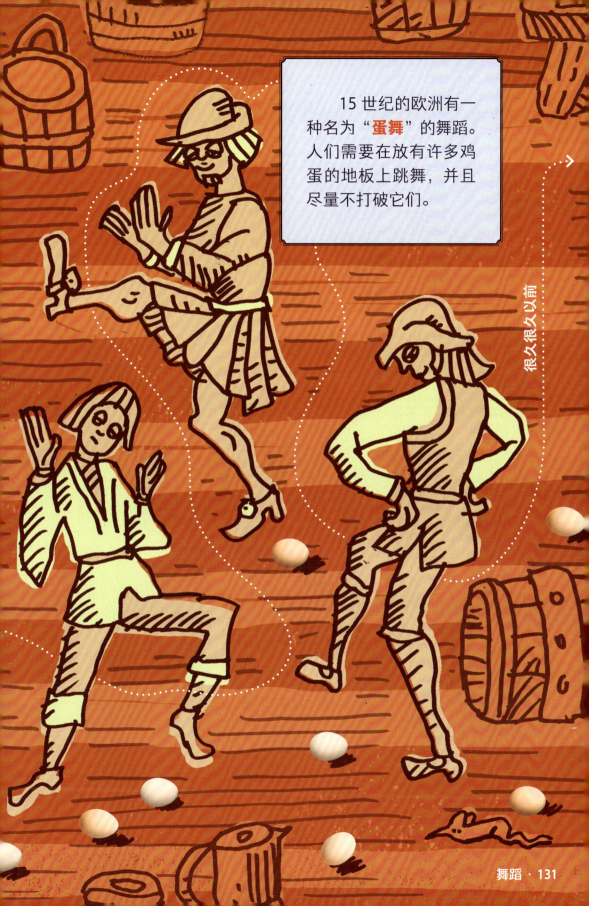

15 世纪的欧洲有一种名为"**蛋舞**"的舞蹈。人们需要在放有许多鸡蛋的地板上跳舞，并且尽量不打破它们。

很久很久以前

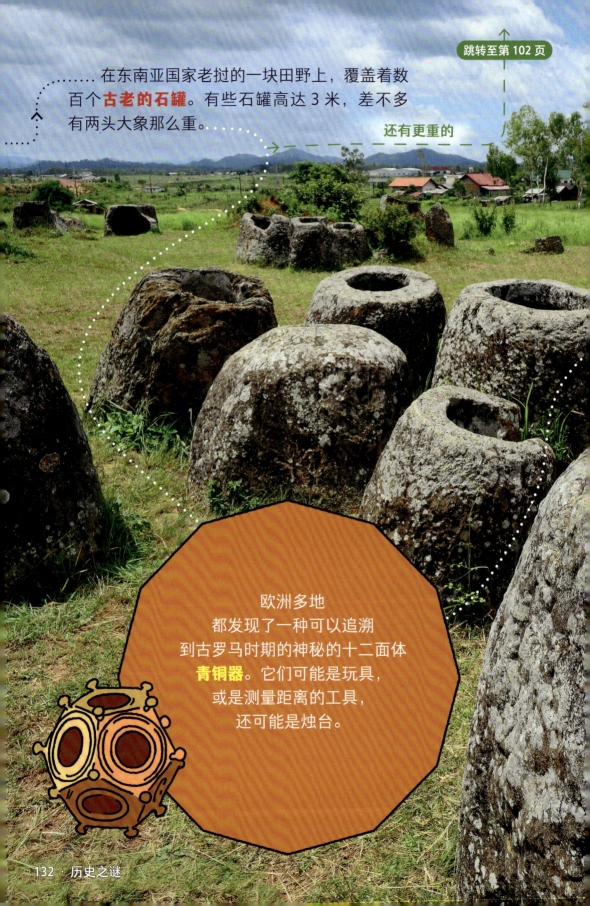

跳转至第 102 页

在东南亚国家老挝的一块田野上，覆盖着数百个**古老的石罐**。有些石罐高达 3 米，差不多有两头大象那么重。

还有更重的

欧洲多地
都发现了一种可以追溯
到古罗马时期的神秘的十二面体
青铜器。它们可能是玩具，
或是测量距离的工具，
还可能是烛台。

电影《夺宝奇兵》中有一幕是印第安纳·琼斯（Indiana Jones）被一个沿着斜坡滚下的巨石追赶，其灵感源于古代哥斯达黎加居民凿制的**巨型石球**。

如此有型

水星上有一组**环形山**的形状酷似**米老鼠**。

在日本，有些人会种植方形**西瓜**。

如此多汁

有些**蛙**类的瞳孔可以是

心形的。

跳转至第 **18** 页

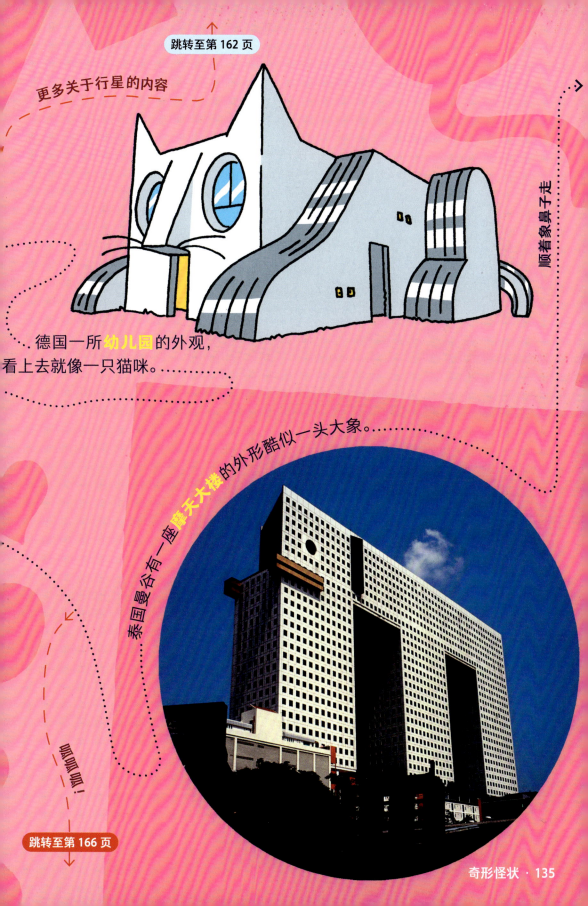

跳转至第 162 页

更多关于行星的内容

德国一所**幼儿园**的外观，看上去就像一只猫咪。

顺着象鼻子走

泰国曼谷有一座**摩天大楼**的外形酷似一头大象。

呱呱呱！

跳转至第 166 页

大象鼻子的力量
足以将一棵树推倒。

牛有 **4** 个胃室，其中只
有 1 个是真正的胃。

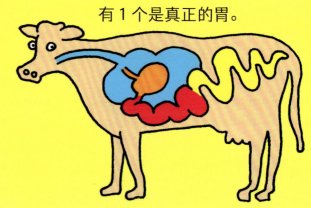

蛞（kuò）蝓（yú）的
头上有 **4** 根触角：上
面的 2 根负责嗅觉和
视觉，下面的 2 根负
责触觉和味觉。

有些**蛞蝓**会通过分泌一种类似于胶水的**黏液**来保护自己，
这样捕食者就无法将它们从所在的地方抓走。

彩虹桉树的树皮呈现出多种颜色。

科学家认为，**土卫六**（土星的卫星之一，又名泰坦星）上会出现**彩虹**。

牛打嗝儿会产生**甲烷**气体。

土卫六上有一个由液态**甲烷**组成的海洋。

变色龙的**舌**尖上覆盖着一种**黏液**，其黏性大约是人类唾液的400倍。

獾（huò）㹢（jiā）狓（pí）是一种生活在非洲雨林中的有蹄类哺乳动物，与长颈鹿有亲缘关系。它们可以用长长的**舌**头来清洁自己的耳朵。

不寻常的耳朵

英国一名男子可以用自己的耳朵拉动一整辆

双层巴士

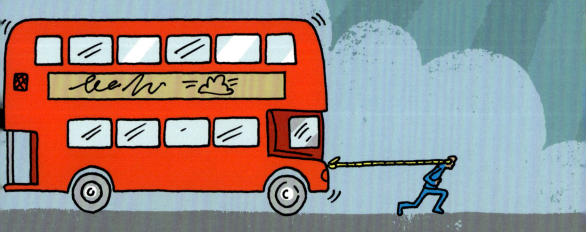

不断升温

...长耳大野兔用自己巨大的耳朵来释放身体的热量，从而在沙漠中**保持凉爽**。...

跳转至第 46 页

各种各样的皮肤

世界上最大的水滴落
在南极洲，那里的温度
可降至 –89℃ 以下。

棘蜥是一种生活在
澳大利亚的沙漠蜥蜴。
它们皮肤上的刺可以从
空气里吸取水分，然后
直接送入口中，就像用
吸管喝水一样。

土库曼斯坦的
一片沙漠中有一个
大坑，**坑里的**

熊熊烈火

已经持续
燃烧了50
多年。

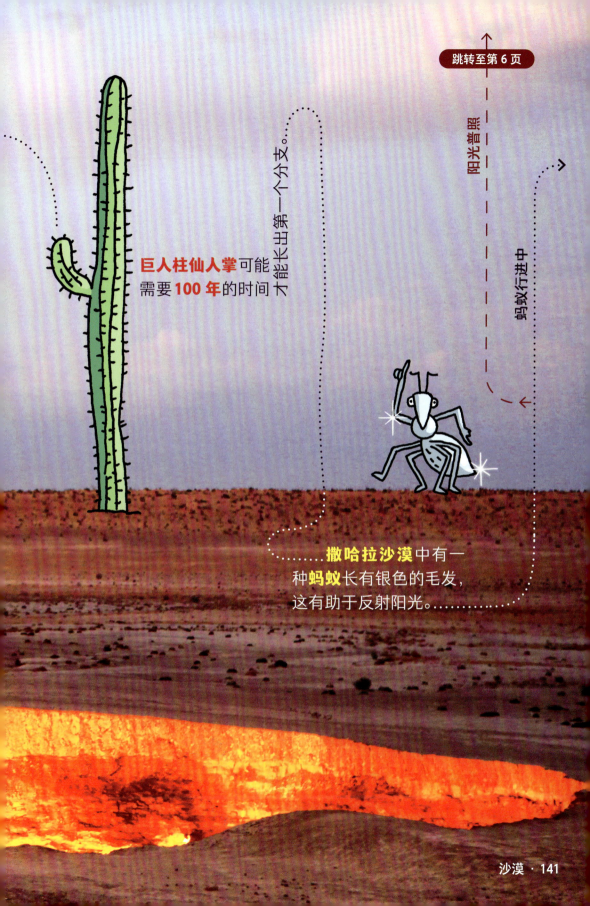

跳转至第 6 页

阳光普照

蚂蚁行进中

巨人柱仙人掌可能
需要**100 年**的时间
才能长出第一个分支。

撒哈拉沙漠中有一
种**蚂蚁**长有银色的毛发，
这有助于反射阳光。

蚂蚁早在**恐龙时期**就已经存在了。

在洪水来临时，成群的火蚁可以**结成筏子**在水上漂浮数周，直到抵达安全地带。

全体上船！

在加拿大举办的一场比赛中，选手们坐在空心的巨型**南瓜**船里划桨前进。

波涛之下

海洋中约有300万艘未被发现的**沉船**。

跳转至第 36 页

传说带**香蕉**上船会带来坏运气。

好多香蕉

为了说明香蕉皮有多

滑

有科学家专门进行了研究。

香蕉树并不是一种树，而是一种**草本植物**，与生姜是近亲。

香蕉具有天然的**放射性**，但只有一次性吃掉至少10亿根香蕉才可能致死。

在英语中，一根香蕉被称为**"一指"**（a finger）**香蕉**，而一把香蕉被称为**"一掌"**（a hand）**香蕉**。

好好庆祝一下 ⟶

在美国，人们在 8 月庆祝 "**香蕉船日**"。

在冰岛，每逢圣诞季，**圣诞小子**（不是圣诞老人哟！）会在孩子们的鞋里放入糖果或烂掉的土豆。

甜蜜蜜

棉花糖

机的发明者之一
是一位
牙医。

↑
跳转至第 98 页

到太空去

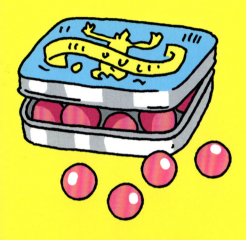

糖曾经被当作**药品**。

第一种在**太空**中被食用的糖果是 m&m's 巧克力豆。

考古学家发现了有 5700 年历史的"**口香糖**"。

碾碎**糖晶体**时会产生静电。

当心触电！

糖·151

一道

　　闪电

所包含的

电力足以

　　为 1 只

100 瓦的灯泡供电

　　　　3 个月

　　　　　　左右。

暴风雨即将来临

火山

喷发
可能会
产生闪电。

球状闪电是一种带电的飘浮在空中的"泡泡"，可以直接从空中降生也可以穿破玻璃窗而入。

科学家认为，**闪电**和**雷击**对早期生命进化起到了促进作用。

委内瑞拉有片湖泊被称为"世界闪电之都"。那里每年有近 300 天时间都会出现闪电**雷暴**。

位于美国纽约的**帝国大厦**每年会遭受 25 次左右的雷击。

扑通！

奥地利有一座会**变成湖泊**的公园，每年湖水都会淹没公园里的小径、长椅甚至桥梁。

加拿大的克利卢克湖（*Kliluk*）又被称为**斑点湖**。每到夏季，湖泊部分干涸，数百个五颜六色的矿物质池从湖底显露出来，从上面往下看就像是斑点一样。

到公园去　＞

世界上速度最快的过山车位于阿联酋首都阿布扎比的一座游乐园内。游客在搭乘时还

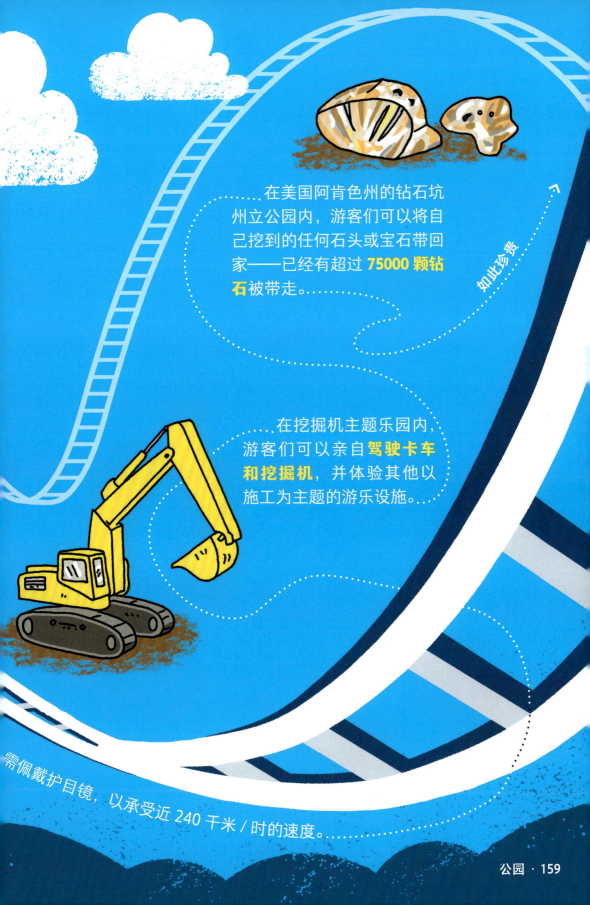

在美国阿肯色州的钻石坑州立公园内，游客们可以将自己挖到的任何石头或宝石带回家——已经有超过 **75000 颗钻石**被带走。

如此珍贵

在挖掘机主题乐园内，游客们可以亲自**驾驶卡车和挖掘机**，并体验其他以施工为主题的游乐设施。

需佩戴护目镜，以承受近 240 千米／时的速度。

科学家认为火星上有**欧泊石**。

那是一种火欧泊，
大概是这样的颜色。

世界上**最大**
的祖母绿宝石
比 3 只大熊猫加
起来还要重。

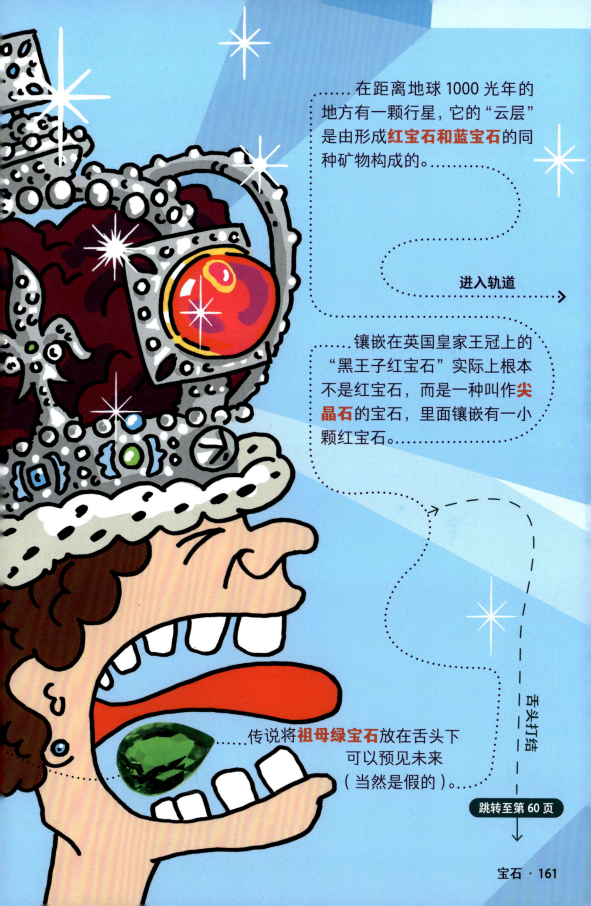

...... 在距离地球 1000 光年的地方有一颗行星,它的"云层"是由形成**红宝石和蓝宝石**的同种矿物构成的。.........

进入轨道 ⟶

......镶嵌在英国皇家王冠上的"黑王子红宝石"实际上根本不是红宝石,而是一种叫作**尖晶石**的宝石,里面镶嵌有一小颗红宝石。.........

传说将**祖母绿宝石**放在舌头下可以预见未来(当然是假的)。......

舌头打结

跳转至第 60 页

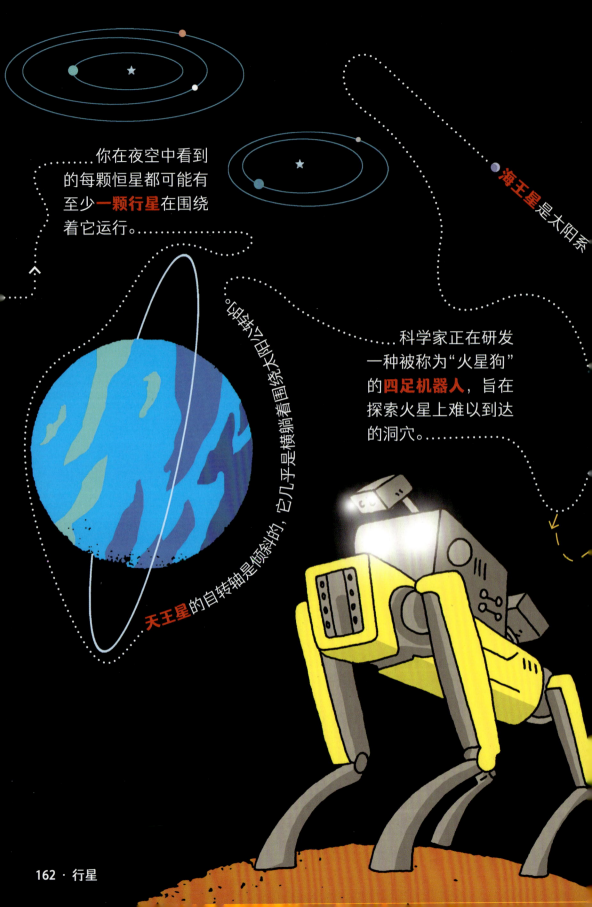

你在夜空中看到的每颗恒星都可能有至少**一颗行星**在围绕着它运行。

海王星是太阳系

天王星的自转轴是倾斜的，它几乎是横躺着围绕太阳公转。

科学家正在研发一种被称为"火星狗"的**四足机器人**，旨在探索火星上难以到达的洞穴。

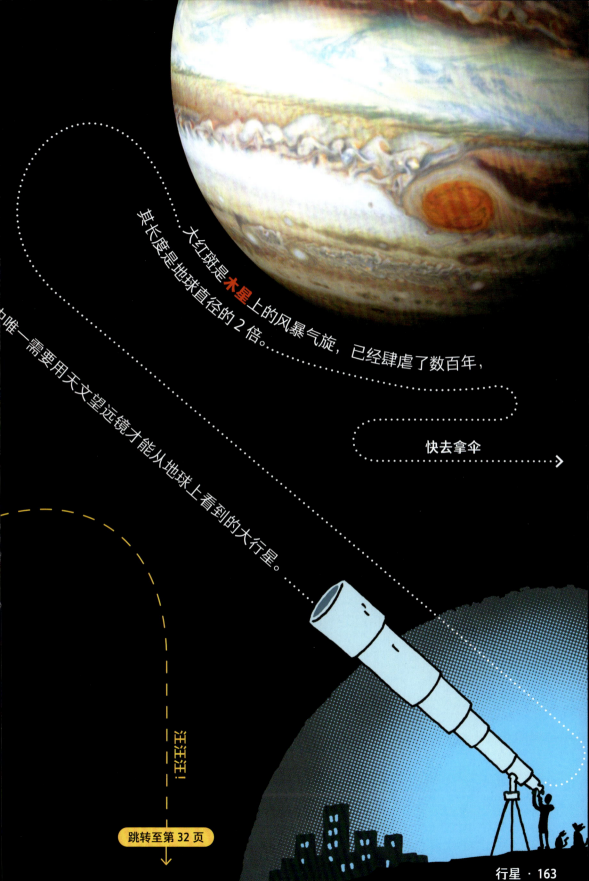

大红斑是**木星**上的风暴气旋，已经肆虐了数百年，其长度是地球直径的 2 倍。

……是太阳系中唯一需要用天文望远镜才能从地球上看到的大行星。

快去拿伞

汪汪汪！

跳转至第 32 页

有时天上会下"**动物雨**"。自古以来，就有蝙蝠、鱼甚至青蛙从天而降的记载。这种现象可能是由龙卷风造成的——这些动物被陆龙卷或水龙卷卷走后掉落在了别处。

呱呱呱！

有一种树蛙的身体是完全**透明**的，从外面可以看见它们跳动的心脏以及消化食物的过程。

蟾蜍与青蛙不是同一种动物，但它们都属于生物分类中的"无尾目"。

在英语中，有时人们用一支

"军队"

（an army）来形容一群青蛙。

金色箭毒蛙虽然只有瓶盖大小，但它们是地球上毒性最强的动物之一，一只金色箭毒蛙所含的毒素足以致 10 个人丧命。

并不是所有的青蛙都会**跳跃**。

向这边跃进

青蛙·167

跳蛛的跳跃距离可以达到它自身体长的 50 倍，这相当于你能够一下子跳出 3 个网球场那么远。

墨西哥跳豆实际上是里面藏有蛾子幼虫的**种荚**。当温度适宜时，里面的小蛾子会四处移动，导致种子

"跳动"

起来。

奇妙的蛾子

南美洲有一种蛾子会趁鸟儿睡觉时喝它们的眼泪。

麝（shè）雉（zhì）是一种出生时翅膀上就长有爪子的鸟类，这种翼爪被用来攀爬树木。

在美国，割草机竞速赛是一项运动。最快的割草机可以加速至每小时241千米。

在"掰脚趾"这项运动中，对战双方会试图用自己的脚趾压制住对方的脚趾。

人类脚趾缝里的细菌曾被用来制作奶酪。

世界上最昂贵的奶酪是用驴奶制成的，叫作普莱奶酪。

生长在热带的毒番石榴树带有剧毒，其果实在西班牙语中意为"死亡小苹果"。

鳗鱼的血液是有毒的。

雄性鸵鸟的叫声听起来像狮子的吼声。

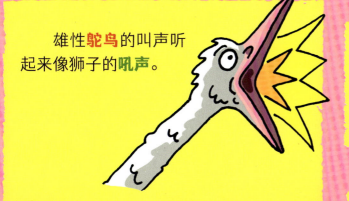

大约 3 滴人类的血液里就含有 10 亿个左右的红细胞。

地球上现存最大的单细胞是鸵鸟蛋的蛋黄。一枚鸵鸟蛋的大小是一枚鸡蛋的 25 倍。

老虎的吼声可以是割草机声音的25倍大。

蟑螂能够在没有脑袋的情况下存活数周——它们并不需要脑来控制呼吸。

有一种蟑螂所分泌的一种蛋白质被称为"蟑螂奶"，是地球上最有营养的物质之一。科学家正在研究如何用这种物质制造未来的食物。

有些动物有不止一个大脑。比如，章鱼就有 9 个"大脑"。

更多关于章鱼的内容

有些章鱼可以暂时改变**皮肤的质地**，让皮肤从光滑的变为**带刺**的。

因为章鱼

没有骨头，

所以它们能够挤进非常狭小的空间。一只巨型章鱼曾穿过一个只有几厘米宽的小口，由此从一艘船上逃脱。

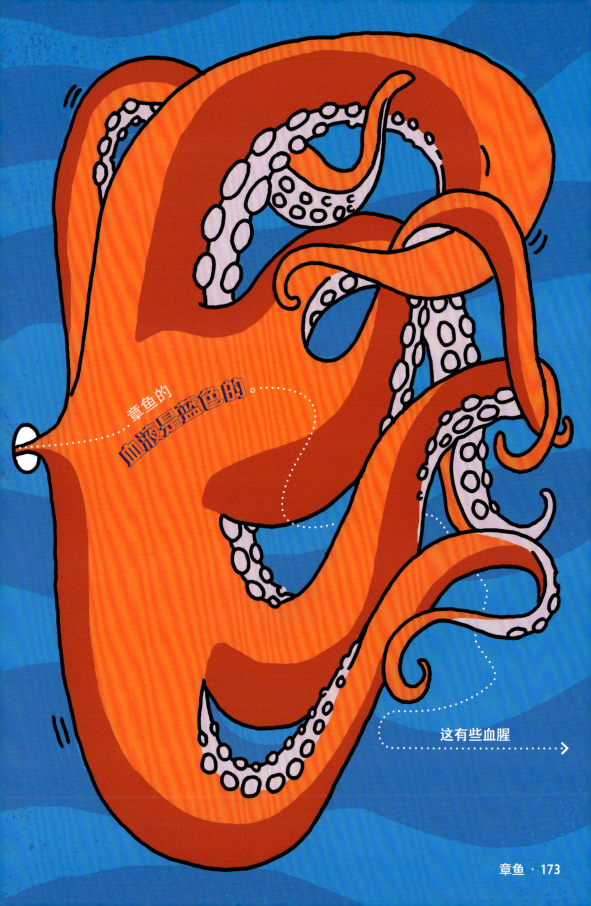

章鱼的

血液是蓝色的。

这有些血腥

章鱼 · 173

吸血地雀
会**吸食**其他鸟
类的**血液**。

更多神奇的鸟类

跳转至第 **68** 页

"血瀑布"是一道从南极洲冰川上流下的**红色瀑布**。它之所以呈血红色，是因为水中含有大量的铁元素。

当心！

一位艺术家用大约 **10000 个 抽水马桶** 制作了一个瀑布雕塑。

一些攀登爱好者会攀爬 **冰冻** 瀑布。

好——高——啊！

20世纪初，尼亚加拉瀑布吸引了一群敢于冒险的人去表演特技。有一名教师乘坐**木桶**从尼亚加拉瀑布顶端一跃而下，成了第一个这样做的挑战者。

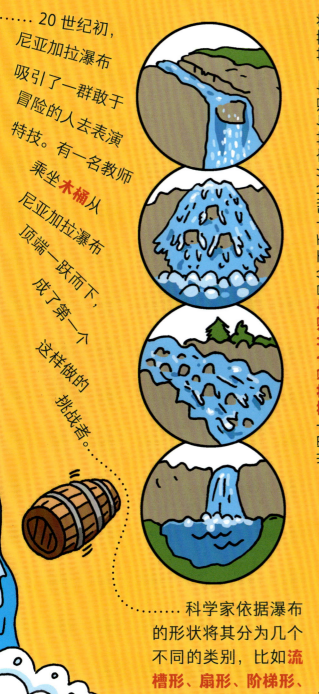

世界上落差最大的瀑布是位于委内瑞拉的安赫尔瀑布，其落差比3座埃菲尔铁塔叠加起来还要高。

科学家依据瀑布的形状将其分为几个不同的类别，比如**流槽形、扇形、阶梯形、酒碗形**。

有史以来最高的雪人约有 37 米。它的手臂是一整棵树，纽扣是卡车的轮胎。

波塞东龙

是迄今为止发现的
最高的恐龙。
它们的高度约为 18 米，脖子的长度
是所有恐龙中最长的。

去看看"小东西"

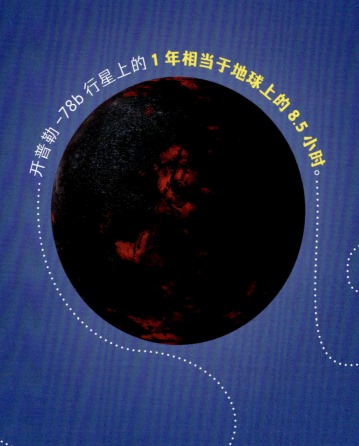

开普勒-78b 行星上的 **1 年相当于地球上的 8.5 小时**。

世界上最矮小的狗是一只名为米莉（Milly）的吉娃娃。它只有9.65厘米高，刚出生时甚至可以被放在**茶匙**上。

嗨，小宝宝！

尼泊尔是全世界唯一一个国**旗**不是矩形的国家。尼泊尔国旗的形状是两个重叠的三角形，象征喜马拉雅山。

现今，只有两个国家的国**旗**上带有**紫色**，它们分别是尼加拉瓜和多米尼克。

长颈鹿宝宝在出生后 30 分钟就可以自己站立起来。

长颈鹿的舌头是**紫色**的。

传说**尼泊尔**是"雪怪"的故乡，而"雪怪"就是所谓的"喜马拉雅**雪人**"。不过至今没有证据能证明他们真的存在。

天阴了

文艺复兴时期的著名**艺术家**米开朗琪罗（Michelangelo）曾雕刻过一个**雪人**。

亚马孙**雨林**中的树木能够自己制造雨云。

艺术家的**大脑**构造与其他人不一样。

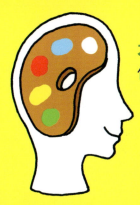

格莱斯捕鸟蛛是一种生活在**雨林**中的**蜘蛛**，它们可以长到跟小狗差不多大。

有些**蜘蛛**的**大脑**一直延伸至它们的腿部。

……夜光云形成于地表上方约 80 千米处。科学家认为，它是由流星尘埃上结的**冰晶**构成的。……

帽子不错 >

荚状云通常看起来像

飞碟状的 UFO。

在
山顶上
空形成的云
有时会被称作
"山帽云"。

复活节岛上的一些石像戴有由**火山岩**制成的红色帽子。这些帽子被称为普卡奥（Pukao），差不多有 3 头犀牛那么重。

美国第 16 任总统亚伯拉罕·林肯（Abraham Lincoln）有时会将重要的文件放在自己**烟囱**样式的高顶礼帽中。

科学家为海豹配备了带有**高科技传感器**的特制帽子，借此来研究地球的气候。

跳转至第 102 页

称称有多重

保护好自己

一顶**骑士头盔**

可以重达 4 千克，和一只猫一样重。

据说**厨师帽**上的褶皱数量，代表这位厨师会用多少种方式烹饪鸡蛋。

中世纪 的骑士会为战马穿戴盔甲，这种盔甲被称为**马甲**。

驾！

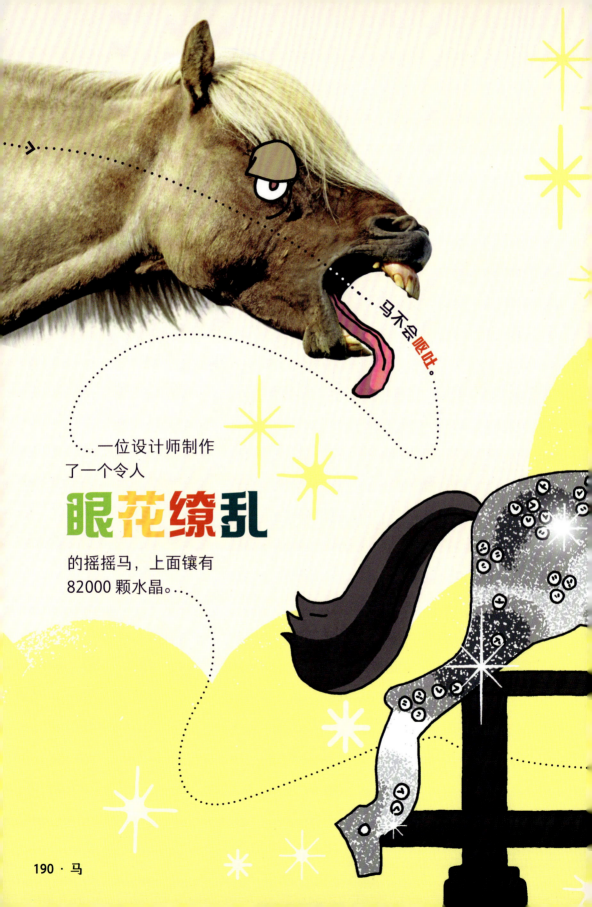

马不会**呕吐**。

一位设计师制作了一个令人

眼花缭乱

的摇摇马，上面镶有82000颗水晶。

科学家正在研究那些长在马粪上的**蘑菇**，以研发新药。

有趣的蘑菇

好耀眼

跳转至第 160 页

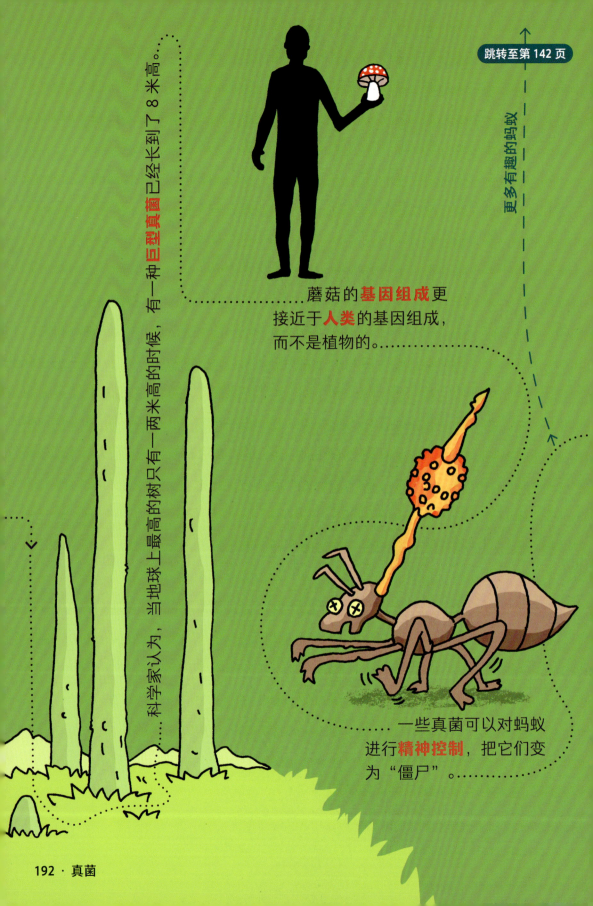

跳转至第 142 页

更多有趣的蚂蚁

蘑菇的**基因组成**更接近于**人类**的基因组成，而不是植物的。

科学家认为，当地球上最高的树只有一两米高的时候，有一种**巨型真菌**已经长到了 8 米高。

一些真菌可以对蚂蚁进行**精神控制**，把它们变为"僵尸"。

树木可以通过真菌网络与其他树木进行**交流**，这种网络被称为"树联网"。

有些真菌在黑暗中会

发光

熄灯了

跳转至第 60 页

特别的器官

眼镜猴是一种夜视能力极强的灵长类动物，即使在**几乎全黑的环境中**，它们也能够看到**全部色彩**。这是因为它们有两只比自己的大脑还大的巨大眼睛。

这些词在哪里

（按音序排序）

Z

注：这里的页码提示你包含这个关键词的最精彩内容在哪里。

特约策划：敖德

特约编辑：郭文婷